你应该
懂点投资学

李意坚◎著

ZHEJIANG UNIVERSITY PRESS
浙江大学出版社

近些年,越来越多的人意识到了投资理财的重要性。经常有朋友问我:"如何在短期内通过投资赚到很多钱呢?"朋友们之所以会提出这样的问题,是因为他们对投资存在误解。比如,很多朋友可能认为在证券市场当中赢利并不难,凭着自己的聪明才智,看看技术方面的书籍,听听专家的意见,就可以做到稳定赢利。也许投资的实施过程看起来的确比较简单,但这并不代表它不具有专业性,几乎没有人会问"怎样才能在短时间内掌握外科手术的技巧",或是"怎样在短时间内能像伍兹一样轻松地在高尔夫球场上打出'老鹰'"——我们都知道,这些只有通过长期刻苦的练习才能做到。

投资也是一项专业性非常强的工作,其对于投资者专业水

平的要求绝不亚于外科手术之于医生。若想达到较高的专业水平，必须积累大量的知识。把投资看得太过简单的朋友，其实是"一叶障目"，只看到投资的实施环节，而忽略了知识积累的重要性，没能充分估量投资的难度，一旦盲目参与投资，极有可能因此而遭受损失。投资虽不容易，但我们不能因噎废食，放弃进行合理的投资。投资理财正如逆水行舟，不进则退。通货膨胀、高企的物价、持续增加的医疗和教育支出，都在考验着我们的"财商"。如果我们不能对资产进行适当管理，并使其增值，那么所有的支出都将落在工资收入上，这无疑会增加生活压力。

传统的投资学理论比较抽象和生硬，在学习的过程中，很多人就知难而退了。那么我们能不能找到一条可以更轻松地掌握投资学的捷径呢？其实，投资学的原理具体地体现在我们的日常生活中，只要我们认真观察、仔细思考，就可以通过生活中的点滴来领悟投资学的智慧。比如，我们去看电影，结果路上堵车，电影已经开始了半个小时我们还没有到达，我们很可能就会选择不去看了。这种迟到心理在投资中也会有所体现。比如，在证券投资中，很多投资者没有在一只股票刚刚开始上涨时买入，而是选择了放弃，这往往会错过一次极好的赢利机会。

任何投资都具有不确定性，并有其内在的必然规律。这些不确定因素正是风险的来源，而这些必然规律则是我们战胜风险的有力武器。在错综复杂的社会经济环境中，找到投资中的内在规律，并按照规律进行投资理财，需要良好的投资心态和成熟的投资理念。

　　本书通过一些有寓意的故事引申出对市场本质和投资理念的分析，帮助读者认识债券、股票、期货、金属、房产等投资工具的特点。书中的内容融合了笔者在多年的投资实践与研究中所总结出来的经验。这是一本倡导理性的投资理念和灵活的投资技巧的书，希望它能对读者的投资实践起到较好的参考和指导作用。

目录

|第六章| **第三只眼看投资**

第一章

谁动了你的钱袋

　　在飞速变化的社会中,我们需要面对许多竞争和挑战。当我们每天专注地应付着来自各个方面压力的同时,也应该时刻警惕,我们的财富在不知不觉中从钱袋的漏洞溜走了。

　　很多朋友可能会觉得困惑,自己工作努力、生活节俭,但为什么反而生活压力越来越大,资产不断缩水,原本可以买一套一居室的钱,现在却只能买一个卫生间了;原本每月薪水尚有盈余,现在却不够偿还信用卡上的欠债。

　　解决这类问题,唯一的途径就是弄清谁动了你的钱袋,采用科学的投资方法,养成良好的理财习惯。

不得不面对的真相——通货膨胀

一位上班族朋友，平时克勤克俭，每个月的工资，除了必要的生活支出以外，其余的都存在银行里面。几年下来，他有了些积蓄，并且准备再攒一些钱，然后买一套大一点的房子。但他并没有投资理财的意识，认为把钱存在银行里，才是最好、最安全的保值方法。所以，他仍然是按部就班地工作、赚钱、存钱。哪知道到了2007年，股价、房价连同生活必需品价格都大幅上涨，买大房子的愿望很快就破灭了。他手上的资金原本还可以首付买一套两居室，但随着房价的上涨，已经快不够承担一居室的首付了。

通货膨胀现象由来已久，我国西汉末年和中世纪的欧洲都有过先例。纸币大范围地投入使用后，通货膨胀的最后瓶颈也被清除掉了。这样一来，一些国家在财政出现赤字的时候，就大肆发行货币，以进行财富的重新分配，起到弥补赤字的效果。

近年来，通货膨胀最具代表性的国家就是津巴布韦。津巴布韦于1980年独立，津巴布韦元是其法定货币，当时津巴布韦

元与美元的汇率为 1∶1.25。但由于部族冲突、强征土地对经济产生的冲击，以及没有节制地印造纸币，津巴布韦在 21 世纪初发生了恶性的通货膨胀。其通货膨胀率在 2004 年达到了前所未有的 624%，2005 年为 585.8%，2006 年报复性地飙升到了 1730%。2006 年 8 月，津巴布韦政府按 1∶1000 的兑换率用新币取代了旧币。但到了 2007 年，其通货膨胀率达到了 11000%。2008 年 5 月，津巴布韦政府发行了面值为 1 亿和 2.5 亿的新币。随后不到两周，面值为 5 亿、25 亿和 50 亿的新币相继发行。而这时 5 亿面值的津巴布韦元大约只值 2.5 美元，而且还在不停地迅速贬值。2008 年 7 月，100 亿面值的新币也发行了。2008 年 8 月，津巴布韦政府按 1∶10000000000 的兑换率用更"新"的津巴布韦元取代了之前的货币。这几年中，保守估计，津巴布韦的通胀率为 1000000000000000%，几乎所有津巴布韦人手中的现金都最终归零，只有其他资产的产权还具有一定的价值。从这个例子中，我们不难发现，恶性通货膨胀对人们日常生活的影响是巨大的，也是灾难性的。

在计划经济体制下，通货膨胀一词具有极强的贬义性，所以很多人对此长期讳莫如深。在 2007 年以前，我国经济经历了 10 年的高增长低通胀时期，人们在收入持续增长的同时，并没有感受到物价的明显上涨，因此，很多人错误地认为通货膨胀是一种离我们很遥远的不正常的经济现象。

从 2004 年开始，全球大宗商品价格上涨对物价的影响逐渐累积。2006 年，我国 A 股市场存在价值被低估的情况，加之人们购买力的提高，引来大量游资抬高大宗商品价格，疯狂做多 A 股市场，囤积炒作一二线城市房地产。

2007 年，全球大宗商品价格高涨，A 股市场如火如荼，房价节节攀升。人们终于发现，几年的积蓄不能抵消房价一个月的涨幅，工资的增长幅度追不上猪肉价格飙升的速度。于是每次原本在超市购物时的闲庭信步，变成了犹豫不决；原来对生活的美好憧憬，变成了此刻对未来生计的忧虑——因为通货膨胀出现了，而且来势凶猛。

其实对于正常的通货膨胀，不必过于紧张和惊慌。只要货币仍被抽象为符号，通货膨胀就难以避免。经济存在景气周期，市场机制虽然具有有效性，但也存在非理性的一面。通货膨胀和通货紧缩一样，都是正常的经济现象，只要构成通胀的原因和程度都在合理的范围之内，那么它们对经济本身就没有太大的负面影响。

一般来说，通货膨胀有三种类型，即需求拉动型通胀、固有型通胀和成本推动型通胀。需求拉动型通胀是由高需求引发的，同时往往伴随着低失业率。有些时候，这种通胀不仅对经济没有危害，反而有可能促进经济发展。固有型通胀相对而言是比较中性的，它是由合理的预期引发的，通常是物价和薪资之间互相影响而引发的螺旋式上升。由于这种通胀是经济结构中必

然存在的一部分，所以也被称为结构型通胀。成本推动型通胀则是由一些基础原料价格上涨而引发的，通常会使一系列生产生活必需品产生非预期的全面上涨，这种类型的通胀会对经济产生较明显的负面影响。

2007年，全球大宗商品价格出现迅速上涨态势。由于此前几年在消费者手中积累的财富使需求大幅增长，加之必然存在的结构型通胀，三种通胀因素共同发挥作用，出现了从2007年至2008年的物价快速上涨。

这一轮通货膨胀是一堂发人深省的投资课，让很多人认识到自己的资产潜在的风险，也认识到只有通过合理的投资理财，才能有效地化解通货膨胀对自己生活所带来的影响。所以，我们应该正视这不得不面对的真相——通货膨胀就在我们身边，并随时有可能吞噬我们的财产。

许多普通投资者非常关心的是，如果通货膨胀再度出现，应该如何应对。事实上这个问题并不难解决，因为引发通货膨胀现象的最直接、最根本的原因，就是货币供给量多于需求量。这个时候，由于货币数量增多，而商品的数量并不能凭空产生，所以货币就不具有原来所代表的购买力了。那么，我们也就可以把货币看作不具有优势的资产，把商品看作具有优势的资产。延伸到股权类投资上看，在通货膨胀初期，商品价格的上涨会对相关企业的业绩有所提升，投资者的资产价值也会得到相应提升，但后期则因为成本高昂，有可能对业绩造成消极影响，从而导致投资者资产价值的下降。贵金属由于兼具一定的货币属性，并在更大程度上代表了货币的真实购买力，所以被普遍认为是可以在通货膨胀中保值的。房地产之类的固定资产，由于具有刚性需求特征，在通货膨胀中，只要供给不是极端地大于需求，通常会被投资、保值和正常的需求共同影响，价格有所上涨。

可见，在通货膨胀时，我们可以考虑买入商品、贵金属、房地产，也可以考虑在通胀初期进行适量的股权类投资，并在适当的时候及时退出。而最大的错误莫过于从始至终只持有现金，这样会蒙受巨大的损失。

在我们作出上述投资决策的同时，可能会感到迷惑，我们以什么为依据来判断通货膨胀是否来临？其实方法并不复杂，我们既可以通过对宏观数据的分析判断通胀是否存在，也可以通过对日常生活的细致观察发现通胀的迹象。一般来说，通货膨胀出现之后，生活必需品的价格会出现上涨，这也是通胀对我们最重要的影响。生活必需品价格的变化，可以通过具体的统计数据和日常生活中的观察来判断。统计数据主要是参照"消费者物价指数"，也就是CPI。国家统计局每个月都会公布这个数据，如果CPI与此前年度相同月份相比出现超过5％的增幅，那么按照国际上的惯例，就可以认为是出现了比较严重的通货膨胀。如果CPI增幅在3％～5％，可以认为是通货膨胀率偏高。

如果 CPI 增幅在 3％以内，并且不是连续增长，那么尚可认为是比较正常的情况。CPI 的环比数据也是比较重要的，它反映了当前物价上涨的速度。所以，CPI 可以作为投资时的重要依据。但这种以数据为判断依据的方法，往往存在一个弊端，就是指数的构成比较机械，而经济的运行过程中，不同时期、不同的商品对应的需求和价格的变化，对人们的生活会有不同的影响。我们也可以通过一些需求相对稳定的商品的价格变化，来辅助判断每个时期的通胀情况。比如，平时可以较多关注食用油、肉制品、奶制品、豆制品和蔬菜等食品类商品的价格变化，因为这些商品的价格上涨，大多是由于成本提高所导致，这也经常是非正常通胀的开端。再比如，可以关注煤、电、燃气、水等基本生产资料的价格，这些基本生产资料出现价格上涨，也就意味着成本的上涨，那么最终一定会传导到一些工业品当中，对生活也会产生比较明显的影响。

　　这样，我们就可以依照上面所讲的投资思路，进行相应的投资。比如，当 CPI 同比增幅超过 3％、环比增幅连续几个月超出 2％，同时重要的生产生活物资价格几乎全部出现比较明显的上涨，那么我们就可以认为通胀有可能正在形成。这时就可以考虑进行消费品、食品和一些资源类企业的股权投资，或者考虑买入一些大宗商品或贵金属。如果此时房屋的租售比仍然处在高于 1∶200 的低估范围之内，也可以考虑买入房产进行固定资产的投资。

如果此后通货膨胀加剧，上述资产的价格在初期都会出现明显的上涨，而且除了股权类投资以外，其他资产价格的上涨通常会贯穿通货膨胀的始终。所以，几乎可以一直持有商品、贵金属和房产直到通货膨胀结束。而对于一些非资源类的股权投资，我们则需要在一些特殊的情况下选择退出的时机。因为在通胀初期，企业产品的价格会上涨，这时企业的利润会高于通胀之前。这种预期也会反映在股权类资产的价格上，但是随着基础生产资料价格的上涨，企业的各项成本都会增加，虽然企业产品价格出现了上涨，但市场对价格的接受也会在一定范围之内，如果价格过高，就会直接压制需求。那么企业就需要在产品销量和产品价格之间进行适当的权衡。但无论如何抉择，在这个阶段，企业的利润空间都会出现一定幅度的下降，在这种情况下，投资者应考虑卖出股权类资产兑现利润。一般来说，通胀对企业利润的挤压会体现在严重通胀持续的三到五个月之后，我们可以考虑在 CPI 增幅同比连续三个月超过 5％的时候，逐渐退出股权类资产的投资。

通货膨胀都是由流通中的货币数量过多引发的。从这个角度来进行判断，最直观的指标就是 M1（狭义货币供应量）。M1包括流通中的现金和非金融性公司的存款，这两者是随时有可能进入流通领域的钱。M1 数据定期由央行公布，任何投资者都可以通过多种渠道获得。M1 的衡量是以其增速为标准。M1增速的计算方法很简单，只要用当月的 M1 与此前月份的 M1

直接进行比较就可以了。根据我国近十几年的情况分析，M1 的增速在 10％～20％属于常态；当 M1 增速低于 10％时，通常会表现出很强的通缩压力；而当 M1 增速高于 20％时，通胀的压力就开始显现。

笔者曾经做过统计，如果在 M1 增速接近或低于 10％时买入股权类资产，在 M1 增速高于 20％时卖出，假设股权资产的配置参照类似深成指这样的指数构成，或是直接投资指数型基金，则从 1996 年至今，收益应达到 90 倍左右。当然，这仅仅是举例说明 M1 增速对于判断通胀程度、指导投资所具有的参考价值。

按照这个思路，我们还可以在 M1 处在低位时买入商品，并在 M1 处在高位时卖出变现。也可以考虑在 M1 持续低于 10％运行之后，并出现逐渐上升的过程中，考虑买入房地产和贵金属，进行长期持有而对资产进行保值和增值。总之，把握经济脉搏，判断通胀周期，进行合理的投资理财规划，才能有效地避免通胀对生活的不利影响，并使资产实现增值。

隐形的亏损冠军——高额银行储蓄

有一个年轻人向老猎人学习打猎的技巧。终于在一年的冬天，他出师了。他每天去山里面打猎，收获还不错，几乎天天都可以打到两只野鸡。他每天吃掉一只野鸡，并把另一只放在屋后的缸里面，因为正值冬天，所以猎物很容易保存。快到过年的时候，他把缸里的野鸡一部分拿到集市上卖掉，换回来柴米油盐和一些年货；另一部分送给了亲戚和朋友，这个年过得非常愉快。

后来，这个年轻人就渐渐形成习惯，每天打两只野鸡，一只吃掉，另一只储存起来。但天气一天天变暖了，年轻人仍然只是专心于打猎，没有把季节的变化放在心上。当他再一次想把储存的猎物拿到集市上卖掉的时候，却发现缸里的猎物早已腐烂了。

从这个故事中，我们不难发现，很多时候，看似不变的东西，其实会随着外部环境的变化而变化。现实生活中，可能没有多少人会愚钝到连猎物腐烂也察觉不到，但却有许多人犯了类似

的错误。比如，很多人习惯于储蓄，而从不进行投资理财，到最后却发现，通货膨胀已经渐渐地把自己的积蓄吞噬掉了。

中国经济近年来高速崛起，在世界经济中的地位越来越重要，由此引发出了很多关于中美两国经济情况的比较。而两国国民理财观念的差异也颇受关注，这种差异可以总结为"美国人爱消费，中国人爱储蓄"。之所以形成这种差异，笔者认为主要有两个层面的因素：一是文化根源的差异，二是社会保障体制的不同。

中国人一向具有很强的忧患意识、社会责任感和家庭责任感。勤俭持家是中国人家庭责任感的重要体现，量入为出则是中国消费者惯有的消费观念。虽然投资学的兴起在一定程度上影响了中国人的消费观念，但基于历史文化底蕴的消费习惯的彻底改变却非一朝一夕之功。

社会保障体制的不完善是造成中国人高储蓄率的又一重要因素。虽然中国的经济总量超越了法国、英国、德国等发达国家，但由于人口基数大，人均 GDP 的世界排名仍处于 100 位左右。因此，在相当长的一段时间内，中国还将是一个发展中国家。由于人均收入较低，以及包括教育保障、医疗保障、失业保障和住房保障在内的社会保障体系的不完善，教育、医疗和住房支出仍然必须由个人承担大部分甚至是全部。在这种情况下，中国人的储蓄率偏高也就很容易理解了。

2009 年，我国居民储蓄占收入总额的比率达到 45％，居于亚洲首位，处于世界前列。那么如此高的储蓄率究竟是好还是坏呢？这个问题可以从宏观经济的角度和普通国民个体的角度来分析。从宏观经济的角度看，高储蓄率是否不利于消费的增长，以致影响内需，进而成为经济结构调整的阻力，并不是本书重点研究的内容。这里，笔者主要分析高比例银行储蓄对普通百姓生活的影响。

对于一个家庭来讲，将一部分可支配收入储存起来，的确是对未来生活的有力保障。目前，即便是享受医疗保险的居民，仍然需要支出较多的医疗费。没有积蓄，则有可能在紧要关头陷入困境。如果家有儿女，还需支付为数不少的学费，没有平时的积累，可能会让孩子输在竞争的起点；同时，还要考虑赡养老人、购房等方面的支出。可见，以什么方式来储存可支配收入，是需要仔细衡量的，若将其中大部分存在银行里，笔者认为并不是明智之举。

首先，我们要认识到，银行储蓄利率会永远低于银行贷款利率，因为银行赖以生存的主要收入来源，仍然是存贷款利率的差额。贷款利率决定了企业运行过程中资金使用的成本，这一成本会直接体现在商品价格中，而银行存款在利息方面的收入，理论上会落后于物价上涨的幅度。也就是说，本想通过银行储蓄来保证资产不受损失，事实上却遭受了巨大的隐性亏损。就像

前面提到过的那位上班族朋友，他将全部可支配收入存入银行，但几年下来突然发现，原本可以用这些存款买到的东西，现在已经买不到了。因此笔者认为，对于普通居民而言，过高比例的银行存款，实际上是隐形的亏损冠军。

可能仅仅这样表述，还不足以使读者明白，为什么资产会遭受损失。我们假设你赚到了1万元，但却并没有花掉这1万元，那么这个世界上就多出了1万元，其他所有的人就会富裕了1万元。因为理论上每1分钱都对应着一定的购买力，或者说对应着一定的商品。这是你本来可以用做消费的1万元，但你却把它省了下来。这1万元没有进入市场流通环节，就减弱了需求，同时使相应的商品价格出现下降。也就是说，市场中流通的货币变少了，但对应的商品还是那么多，所以这时若进行消费，货币所具有的购买力更强。可能读到这里，读者仍然会认为"我并没有遭受损失啊，我的钱虽然没有用来消费，但它也没有消失啊，它还在银行里好好地保存着"。

那么，我们再进行详细的说明。从货币与商品的对应关系上看，由于一部分人会将更多的钱储蓄起来，那么这些人的钱就被闲置了。但存起来的钱最终还是要使用的，而在你准备使用的时候，因为此前市场上流通的货币较少，所以有一部分人已经用较少的成本，消费了较多的商品。当储蓄在银行中的货币进入市场的时候，对应的商品已经大大减少，而这部分原来已经不参与市场流通的货币的出现,重新打破了此前的价格平衡,由于商品已经被一部分人以较低的成本购买,那么重新进入市场的资金的购买力必定会大打折扣。

另外,你若将 1 万元存入银行,那么银行可以用来贷款的资金就会增加,理论上存款利率就可以适当地向下调整。因为宏观货币政策需要保持市场的流动性,存款过多时,需要刺激百姓减少存款用于投资或消费。同时,从银行的经营角度来看,它不会让资金闲置而单方面支付存款利息,所以会以相对较低,但有利润的利率把存款贷出去。贷款利率下调的同时,往往存款利率也会相应下调。

也就是说,你的存款起到了使利率下调的作用。其他人如果直接贷款进行消费,那么就可以用相对较少的资金,优先购买产品。而你把一部分资金存入银行,最终目的也是在某一个时间购买一定量的产品。事实上,社会产品之间虽然可能会转化,但总和是一定的,既不会凭空产生,也不会凭空减少。当其他人用更少的资金买到了,就意味着将来在你需要购买时,社会产品数量减少了,你就需要支付更多的资金。

如果你的存款被企业用较低的成本贷来进行生产规模扩张,那么企业由于贷款的成本较低,则会倾向于更大规模地使用贷款,势必会造成生产资料价格和劳动力价格的上涨,最终,产品的价格也会上涨。那么,你在将来的某个时间购买这部分产品的时候,也会承担较高的价格。

如果你的存款被以较低的成本贷出,并用在进行资产价格的炒作上,比如炒作房地产、炒作大宗商品或股票,甚至其他的生活用品,那么你同样会蒙受较大的损失。

我们把上述过程与事例结合起来进行描述,让它看起来更具体一些,这样就可以清楚地反映是谁动了你的钱袋——

假设我们所生活的社会是一个村子,村子里有一个企业,企业成员包括一个企业主和4个工人,你是其中一个工人,每个工人的工资是相同的。假如,你把生活必需开支以外的钱全部存到了银行,而另外3个工人的工资收入则完全不存入银行。其中A用所有的工资消费,除此之外,他还向银行贷款消费,B则用所有工资以及银行贷款买房子,C则喜欢用所有工资和银行贷款买股票。

每年,你把所有的收入100元存入银行,假设初始的存款利率是1%,同期的贷款利率是2%,随着钱不断地存入银行,银行的存款利率下降为0.5%,贷款利率下降为1%。而A贷款20元用来消费,B贷款20元买房子,C贷款20元买股票,企业主则贷款另外40元用来生产消费品。

企业的产量非常稳定,同时每个人的工资也不发生变化,你每年固定在银行账户里面存入等量的钱,同时其他4个人也用固定较低的贷款利率贷出固定数量的贷款。所以,物价一直相对稳定且较低,企业的利润相对稳定,股票价格每年以 10％ 的速度上涨。

消费品烧鹅的产量是固定的每年两只，每只 30 元，两只都被 A 购买；房子的供给量是每年一套，价格是 120 元，每年都被 B 购买；股票则除了企业主持有的部分以外，每年都有一部分流通的股票被 C 购买。

终于有一天，你需要买两只烧鹅，烧鹅的产量是每年两只，都被 A 购买。现在你要买两只烧鹅，那么 A 也需要两只烧鹅，那么烧鹅的价格一定会提升，价格高到一定程度时，最可能的结果就是你和 A 分别用比较高的价格，各买一只。而你支付的成本，远比 A 原来购买时高得多。同理，你如果准备购买房子，B 也仍然要买房子。B 需要买房，但不是一定要买到，而你由于没有房子，所以一定要买到。那么最可能的是，在你和 B 对房子的竞争中，你以更高的价格买到了房子，同时，B 原来购买的房子全部增值。而 C 的股票由于烧鹅和房子价格的上涨，企业业绩得到提升，涨幅达到了 20％。

由此可见，你虽然通过在银行中存款获得了微薄的利息，但与此同时，其他人利用低成本贷款使自己的财富实现的增值远远高于你获得的利息。在你进行消费的时候，你所承担的成本远远高于你的利息收入，也高于其他较早进行消费的人。同时，其他人的资产通过你的消费行为得到了进一步的升值。

正如此前所说,社会产品总量在一定时间内是稳定的,以货币来衡量的资产的价值,事实上只是对社会产品购买力的重新分配。也就是说,如果 B 和 C 将他们的资产兑现成现金,他们的所得远远高于你存在银行中的存款和利息收入的总额。同时,在使用这部分现金购买社会产品的时候,以货币计价的社会产品会出现价格上涨,由于你的资产增值的幅度较小,所能购买到的数量就会远远少于 B 和 C,甚至少于你在此前不将现金存入银行,而直接购买社会产品所能够购买到的数量。也就是说,由于将可支配收入以高比例储蓄起来,你遭受了亏损。

当然,这个例子中没有考虑 B、C 卖出房子或股票兑现有可能使市场的供给增加,从而使相应的价格出现回落这个因素。但事实上,由于每个人事实上代表的是一个群体,即使资产价格在上涨之后出现回调,只要需求没有出现根本性的衰退,价格的下降幅度就不会超过此前的上涨幅度。

我们可以从这个例子中看出,如果相当数量的居民将过大比例的可支配收入存入银行,就等于为其他人提供了以低成本消费社会产品和以低成本炒作资产升值的机会,而将承担通货膨胀的风险留给了自己。因此笔者认为,为了改善生活品质以及抵御不确定因素所造成的风险,留出部分可支配收入不用于消费是正确的。正如上述虚拟的例子中,A 只是一味地消费,而买房子、投资股票对于他来说，是无法实现的。但如果将全部或大部分可支配收入存入银行，也是不可取的。

目前，市场中的投资理财途径较为丰富，除了实体投资以外，还存在股票、期货、外汇、贵金属、基金、保险等多个途径。读者朋友可以根据自己的收入情况、家庭结构以及对未来的规划，在风险性、收益性和流动性等方面进行比较，选择相对适合的一种或几种投资品种，进行资产的配置。针对市场中部分投资途径的介绍，笔者将在本书第三章中进行详细解释。当然，虽然现金或银行存款理论上的收益率是最低的，但相对而言，其流动性是最强的。也就是说，只有它可以随时进入流通领域，所以，我们应该预留出一部分资金，作为平时应急所需。同时，在进行储蓄时，也应该根据实际情况，在不同的存款方式之间进行选择，在兼顾便捷性的同时，尽可能地增加利息收入，最大程度地避免隐性亏损冠军对财富的侵蚀。

方寸间的诱惑——信用卡非理性消费及陷阱

　　狐狸在翻越篱笆时脚滑了一下,幸而抓住一株蔷薇才不致摔倒。可是它的爪子却被蔷薇的刺扎伤了,流了许多血。受伤的狐狸就埋怨蔷薇:"你太不应该了,我是向你寻求帮助的,你怎么反而伤害我呢?"蔷薇回答道:"狐狸啊,你错了,我本来就生有尖刺,是你自己不知道也不够小心,才被我刺到的啊!"

　　现实生活中,事物大多具有很强的两面性,善加使用,可以给自己带来帮助,而错误的使用方法则会带来不必要的麻烦。信用卡就是这样的一种工具。

　　中国人向来看重信用,在商业社会中,信用被量化成了可支配的财富。信用卡是常见的把信用量化的产物,它的主要用途是支付消费款项。持卡人持信用卡消费时无需支付现金,待结账日时再行还款。信用卡和借记卡不同,使用信用卡消费时,并不会从用户的账户直接扣除资金,只是记录了消费的金额数量,之后在结账日,持卡人只要向发卡银行归还相应金额的资金就可以了。

　　信用卡消费具有使用方便、功能灵活和安全性强的特点，因此，它成为都市"卡式生活"一族所采用的主要消费途径。甚至有些人充分利用它异地消费无手续费、正常消费支出存在免息期等特点，变相套现来获得收益。使用信用卡消费与使用现金消费相比，除了付款方式的不同，本质上没有任何差异，这两种支付方式最终都是需要消费者用自己的财产来承担消费所支出的金额。

　　人的心理是微妙的，消费行为常常是非理性的，以至于有些消费者在使用信用卡消费时，常常由于并没有使用到现金，从而减小了心理压力，增大了消费幅度。但信用卡仅仅是一个贷款消费的工具，虽然正常消费不需要另外支付利息，但仍然需要每个月及时归还相应款项。在每月的还款日，冲动型消费的快感会被长长的账单所带来的痛苦冲得一干二净。甚至有些人本来已经没有资金可供消费，但由于手中持有信用卡，就透支尚未获得的财富进行消费。今天支出了明天的收入，那后天又将如何生活呢？一些非理性的消费者常常沦为"卡奴"。

　　这些仅仅是使用信用卡进行非理性消费的体现，在办理和使用信用卡的过程中还存在着大量的"陷阱"，大家应时刻留心，谨慎对待，否则稍有疏忽，就会给自己造成损失。常见的信用卡"陷阱"主要体现在以下几个方面：

其一，最低还款额藏危机。每个月的信用卡账单上常常会有"最低还款额"一项，有些使用者误认为只要按这个额度归还款项就可以了，但事实上这个"最低还款额"仅仅是指不会影响你信用额度的一个"最低还款额"，如果仅按个这个金额归还消费款项，则之后还款时，还需要支付利息，有些甚至需要支付滞纳金。

各个银行的信用卡都有一个免息还款期，其时间长短不尽相同。在免息还款期，消费者对于透支的消费金额无需支付利息。在免息期内还款，消费者只需支付与透支额度相等的费用，而没有任何其他的费用产生。如果到了免息还款期，消费者还没有还清信用卡欠款，那么除了欠款费用，还有其余两笔费用会产生：一是欠款利息，二是滞纳金。

信用卡欠款利息远高于银行活期存款利息，而滞纳金会对消费者的信用记录产生影响。同时，如果利息和滞纳金没有及时归还，下次计息时，会被作为计息的基数，这就是俗称的"利滚利"。消费者还了最低还款额之后，信用不会产生问题，多数情况下滞纳金也不用交了，但是银行仍然会收取利息。值得注意的是，银行是按照账单的欠费的总额计息，并不扣除消费者已经归还的最低还款额。也就是说，当消费者用信用卡消费了20000元，虽然在在免息还款期内归还了19999.99元，仅余1分钱没有归还，但银行仍会按照全额20000元来计息。

有些银行信用卡账单上面所写的最低还款额，并不包括分期付款购物的那部分应还款项。如果仅按账单上面的最低还款额还款，还有可能出现需支付利息和滞纳金的情况。

其二，分期付款免息不免费。很多银行与商户进行合作，对于某些价格较高的商品，可以采取信用卡分期付款的消费方式。这个商品的金额只要消费满银行规定的额度，就能够分6期、12期、18期或24期免息分期偿还。有的银行还规定，如果采用分期付款方式，持卡人可以获得双重信用额度，也就是说，分期消费额不影响其他的信用透支，同时还享受"免息"的优惠。

消费者需要注意的是，分期付款虽然"免息"，但并不代表消费者无需支付其他的额外成本，因为分期付款几乎均是"免息"不免费的。银行都会按照消费总金额对免息分期付款收取一定比例的手续费。

其三，超出额度因小失大。当消费者的消费金额已经达到或超过银行设定的信用额度时，有些银行并不会因此而限制消费者的消费行为，甚至也不会有任何提示。但这并不意味着消费者可以无条件地享受更大的信用额度，相反，银行通常会加收一种"超限费"，即使用超出限定信用额度所需要支付的费用。同时，银行还有可能因此而提高你此后在免息还款期以外还款所需支付的利息。一旦消费金额超出信用额度就意味着消费者属于"高风险客户"，个人信用也会受到影响。因此，消费者应该随时了解自己的信用额度使用情况，以免因消费超出额度而承担不必要的损失。

其四,积分促销存蛊惑。银行经常会在一些节假日与商家联手进行促销活动,比如信用卡双倍积分、积分换礼等。但事实上,"羊毛出在羊身上"。若信用卡的积分规则为每消费 1 元钱,对应一个积分,即便是双倍或是 3 倍积分,也仅仅是消费 1 元钱,对应两到三个积分。然而换购的礼品,动辄需要成千上万,甚至百万以上的积分。若消费者以积分换取礼品而增加不必要的消费,则正中银行和商家的下怀。消费者经过"血拼"买回来大量并不需要的消费品,虽然换得价值低廉的积分礼品,却要承担巨大的还款压力。

其五,免年费不等于优惠。许多银行会宣传"免年费办理信用卡"的优惠,但事实上,多数所谓的免年费,只是指从办理时起,一年内免除年费,或者是从办理时起,免除年费至当年的 12 月 31 日。还有的所谓免年费,是需要当年消费达到一定的笔数,才免除相应的年费。但如果没有消费到足够的次数,还是要缴纳相应的年费。所以对于有些听信"免年费"宣传,而办理了多张信用卡的消费者来说,应该考虑选择适合自己的一到两张信用卡继续使用,而将其余的全部注销掉,否则就有可能承担不必要的年费成本。

其六,信用卡提现利息高。信用卡除了具有透支消费功能以外,还具有一定的提现额度,这给临时急用现金的使用者提供了方便。但需要注意的一点是,消费者享受到的便利,是以高昂的利息成本换来的。银行设定的信用卡取现的手续费标准,其利息远高于银行存款的利息。所以，消费者在使用信用卡提现功能的时候，一定要考虑是否确有必要，否则就会支出不必要的费用。

以上是消费者在使用信用卡的过程中，普遍存在却常被忽视的问题，希望能藉此使消费者认识到，在使用信用卡时，应讲求策略和计划。否则，就会给自己造成不必要的损失。看似正常的消费，却付出了比使用现金更大的代价，在看到账单后才知道自己不慎落入陷阱。而原本为了提高消费的便利性而办理的信用卡，反而给自己带来了更大的麻烦。

在办理和使用信用卡时，应该考虑以下几方面因素。

第一，选择适合自己的信用卡，并只办理一到两张即可，以减少需要承担的年费成本。在具体选择时，应考虑到信用额度是否足够支付自己每月的正常消费，如果不能满足自己的正常消费水平，则很容易出现超出信用额度的情况。同时，还需要考虑到还款的便捷程度，有些信用卡使用时非常方便，但还款时却常因难以找到还款网点而错过还款期限。另外，还应该根据自己的情况，考虑信用卡的附加功能。比如，有些信用卡可以按积分附送机票里程，对于经常出差或是喜欢旅游的消费者就比较适合；还有一些信用卡的合作商户较多，对于一些商务人士是合适之选。

第二，在使用信用卡进行分期付款消费时，一定要弄清其利

息和手续费,以及是否还存在其他的费用,不能被笼统的宣传用语所误导,以至于支付过高的消费成本。

第三,除非迫不得已,尽量不要用信用卡提现民。因为这样做不仅需要支付手续费,而且是按日记息,利息极高。所以,用信用卡提现的做法并不可取。否则常常是在不经意间,财富就偷偷地从你的口袋缝隙溜走了。

第四,按照当月记账日之前所消费的额度,及时还清欠款。否则不仅有可能影响信用情况,留下不良的信贷记录,给以后的经济生活带来不便,还有可能需要支付较高的滞纳金和利息。

第五,使用信用卡消费时应当保持理性的态度,一定要认识到,使用信用卡进行消费与现金消费没有任何差异。千万不能因为没有支出现金,就冲动地过度消费,从而背负沉重的债务。这最终会严重影响消费者的生活质量,使原本便捷的支付工具成了禁锢快乐的枷锁,使原本灵活的消费方式成了财富流失的通道。

银行的钱不是那么好用的
——负资产的风险

　　一位香港的朋友在 1997 年初买入了一套带高级会所、室内外游泳池、健身室的全海景公寓,总价约 600 万港币。他每月要向银行还贷,加上各种税费,每月在这套房产上支出达到 3 万港币。这位朋友从事金融业,当时的收入也相对比较高,而且进行了一定的投资,当时的收益也比较可观。因此,他并不觉得供房子的压力太大。他购置房产时,香港恒生指数在 13000 点上方,后来一度上涨到超过 16000 点,但在 1998 年,恒生指数下跌到 6550 点下方。香港楼市与恒生指数经历了一轮相似的走势,但比股市跌得更惨,跌幅最高时达 70%。同时,该朋友的收入出现了一定幅度的下降,投资收益也大幅缩水。每个月超过 3 万港币的月支出,在这个时期已经变得非常吃力。他只能考虑出租这套本来准备自住的房产以减小压力。但这时房租也只能达到大约 1.8 万港币,其余部分还是要从每月的收入中支出。如果这时卖掉这套房产,就要亏损 200 多万港币。

当时的投资已经变成了负资产,他已经完全处在骑虎难下的境地了。

近年来,随着市场经济的发展和西方消费观念的影响,很多中国人也开始倾向于采用先举债消费、后偿还债务的负债消费方式。比如贷款买房、买车、装修,分期购买笔记本和其他家用电器。

贷款消费有助于提早改善生活品质,但我们也应对其保持理性和谨慎的态度,否则极有可能使资产成为"负资产",给自己带来麻烦。任何资产,甚至包括房地产这种固定资产,其价值都是随着市场需求而发生变化的,这种由供需关系变动所引发的价格波动,有些时候会远远超出人们的预期。所以,如果贷款消费之后,所购得的物品价格大幅下降,就有可能使尚未偿还的债务高于当前物品的价值。

以分期购买电脑为例。众所周知,在数码类产品中,电脑更新换代的速度较快,旧型号产品的价格贬值也比较明显。比如分两年期购买一款价格为 1 万元的新型号的高配置电脑,一年后,该电脑的市场价格大致会下降一半左右,而剩余未偿还的贷款额有可能超过市场上该产品的新品价格。这时,如果再算上自己使用一年所产生的折旧,这台电脑就是一笔不折不扣的负资产。

在分期购买汽车、家用电器方面,同样的情况也普遍存在。

在这个时候,有些读者有可能会想,买房子总不会有问题吧,因为房子毕竟是一种固定资产,而且房价一直在上涨。事实上,这也是一种认识上的误区。政策的调整会对土地价格产生影响,导致房产价格可能出现较大变动。房产价格最终还是会受到市场供需关系的影响,如果大多数人已经没有能力承担高企的房价,则需求必然会减弱。1997年亚洲金融危机后的香港,就出现了房地产价格大幅跳水的情况。时至今日,香港仍然有大量的房地产价格没能回到1997年的高点。

"负资产"的出现会令人备受困扰,如果持有资产,并且继续履行债务,会遭受损失;如果终止履行债务,则会面临违约和信用危机等多方面问题。贷款的过程,是契约形成与履行的过程,虽然资产成为"负资产"会使所有者产生不平衡的心理,但只要还可以履约,就理应遵守贷款协议。很多时候,市场在经过过度的虚假繁荣和大规模的非理性消费之后,会出现严重的萧条。此时经济有可能出现明显的衰退,不少行业的从业人员的收入水平会大幅降低,在这种情况下,就有可能出现无力继续履行贷款契约的情况。按照协议,贷款者的资产会被收回,这样一来,原本价值高昂的资产,就变成了吸走消费财富的"黑洞"。

消费者在进行贷款消费之前,应当从以下三个方面进行理性的判断。

首先,要考虑自己的消费目的是出于消费本身,还是出于投资的需求。如果是基于消费的目的,那么最重要的是选择适合自己的商品。比如,购买笔记本电脑时,市场上中档配置的产品就已经足够满足使用需求,其价格下调空间也相对有限,这类产品是合适之选。在购房时,对于三口之家来说,一个正常的三居室就足够使用。此时即使手上有足够的资金可以承担更高的首付款,也没有必要超出自己的支付能力,并寄希望于未来不确定的收益,而购买四室、五室的超大面积住宅。如果是基于投资的目的购房,则是完全不同的思路。因为此项投资即意味着想要获得买卖差价或者是租金收入,此时要考虑的就是房产的增值空间,以及房屋租售比等因素。关于房地产投资的思路,笔者将会在后面的章节进行详细阐述。

其次,要考虑到自己对贷款的偿还能力。如果贷款额度较高,则需要在完全偿还之前,始终定期支付较高的还款额。这对于收入并不稳定,或者支出存在不确定因素的消费者来说,存在较大的压力。比如刚刚结婚的年轻夫妻,收入尚不稳定,将来还要抚养子女、赡养老人,若此时贸然买入自己收入勉强能承担月供的房产,则有可能存在较大的风险。相对来说,选择月供压力小的房产,并且在支付首付款之后,手中仍留有一部分可支配的资金以应对不时之需和各种风险,不失为明智之举。

第三,要考虑到偿还周期。偿还周期越长,存在的不确定因素就越多;周期越短,则短期要承受的还款压力就越大。所以,消费者应尽可能周详地考虑。如果商品的价格较高,那么在考虑这个问题时,还应顾及自己目前剩余的适合工作的年数,以及未来工作收入的稳定性。这样才能避免因当前的冲动消费而给今后的生活带来过大的压力。

比如,一个家庭需要购买住房,就要根据家庭的收入情况、家庭收入的稳定性以及主要收入来源者的年龄来进行综合考量。一般来说,每月的还款额度不高于家庭收入的1/4,是比较理想的状态。购房者尽量不要使还款额度超出家庭总收入的一半,否则一旦出现利率上调或者收入不稳定的情况,就会对生活产生较大的影响。同时,最好能在主要还款人年富力强、事业发展稳定的时候还清贷款,否则,还款压力就会比较大。

基于对以上因素的分析,消费者应理性地作出是否进行贷款消费、如何进行贷款消费的决策。同时,还应更多地关注宏观经济状况,并学习一些基本的经济学知识,以帮助自己作出更准确的判断,避免因财富变成"负资产"而给自己带来困扰。

纸上富贵——数字带来的片刻欢娱

　　2007 年的一天，我与一位老朋友久别重逢。看到他气色很好，而且面带喜色，我就问他："最近是不是有什么高兴的事啊？"他的兴奋之情溢于言表："我不是做了些股票投资嘛，小赚了点儿。"后来他又说股市里赚钱也不太难，近期用这些钱换了车，买了高档手表。

　　一年以后，我们又相遇了。聊起近况，他显得比较沮丧。由于他没有及时兑现股票投资中的赢利，在股票大幅下跌的过程中，又没能果断出场，不仅此前的赢利全都还给了市场，连本金也亏损了不少。按他的说法，就是纸上富贵了一回。

　　没有经过历练的纸上谈兵是空洞的，没有兑现的纸上富贵是虚无的。在证券投资中，很多人常常因为账面上的暂时赢利数字而欣喜若狂，却忘记了把这纸上的富贵及时兑现，最终不仅没有锁定胜局，还由盈转亏，甚至遭受了难以弥补的损失。

　　大到国家，小到个人，纸上富贵的现象普遍地存在着。对于国家来说,纸上财富凭空蒸发,会对经济体系造成严重影响。在1997年的亚洲金融危机中,泰国、韩国等东南亚国家的货币大幅贬值,购买力大大减弱,此前数字上的财富大幅缩水,此后长时间处在经济衰退的境地中。再如自1985年"广场协议"签订实施后,日本所持有的美元资产,因美元贬值而蒙受巨亏,由此产生了日本经济失去的10年。在我们平时的生活中,也不乏类似的例子——

> 2008年初,有位期货投资者用5万元的资金全仓做多豆油,之后豆油一直处在上涨的趋势当中,她就把结算回来的赢利不断加仓,其账户资金曾一度多达1400万。但由于一直是全仓做多,在最后一次较大幅度的回调中,她的资金亏损到只余约4万元。

资产的贬值,会给个人和家庭带来物质和精神上的双重损失。在财富增长的过程中,人们通常会相应地提高自己的消费水平,同时也会得到较多的自我满足感和幸福感。但是在消费水平提高后,纸上的财富回归原点,这种反差所带来的痛苦可想而知。

人的决策中常常有不理性的成分,这种不理性在原本就非常抽象的投资过程当中,表现得尤为突出。在证券投资中,常常有人在买了股票之后,由于股价节节上涨,陶醉于账面上的丰厚

收益,却忘记了市场具有波动的特点,最终把利润还给了市场。在 2007 年的股票大牛市中,相信此类投资者不占少数。在期货交易中,也出现过短期内用 5 万元赚到 1500 万的传奇人物,但这位传奇人物也因未将收益及时兑现,而最终重回起点。近年来,有些人通过买卖房产,赚得盆满钵满,但也常有炒房者没能在需求旺盛时及时出手,因而背负巨额贷款,并最终遭受亏损。

投资过程中,成败往往只在一念之间,而理性的态度会帮助投资者作出正确的判断。在本书中,"理性"这个词将贯穿始终。笔者认为,这也是从生活中发现投资的本质,在投资中持续赢利的唯一方式。如果不能理性地控制自己的意志和行为,就难以避免投资失败。

理性地分析纸上富贵的现象,我们不难发现,它大致是由以下三个方面的原因所导致的。

首先,没有把数字上所体现的财富具体化,因而忽略了财富的真实价值。这个理由听起来似乎荒谬,但确实是很多人的真实情况。在投资过程中,很多人过于关注数字的变化,而没有将数字产生的影响具体化,最初还是在进行投资,而到后来,仅仅将其当作一场数字游戏。虽然这样有助于以良好的心态进行投资交易,但如果始终保持这种心态,则往往容易对盈亏变得麻木,最终悔之已晚。正如前面所举的例子,用 5 万元进行期货投资,在获得了近 300 倍收益的时候,如果及时、适当地减轻参与的头寸,兑现部分或全部纸面利润,何至于最终后悔莫及。

其次,投资态度不切实际。如果对经济环境缺乏理性的认识、凭空想象甚至妄想市场走势和投资收益,就容易高估市场态势和利润,而不能及时兑现纸面的收益。或许会有人认为这是贪婪所致,但贪婪在投资中并不是坏事,甚至在某些情况下,适度的贪婪对投资有促进作用。但对于投资者来说,妄想是有百害而无一利的。因此,在投资过程中,应更实际地看待市场,更理性地兑现收益。

第三,过度自信。很多人曾在投资或其他领域有过一些成功的经历,对自己的投资眼光极度自信。但投资中是容不得半点失误的,过度自信往往使人不能客观冷静地看待外部环境,也不能清醒地认识自己。从而使得对市场的判断变成了缺乏理性的臆断,以致在已经取得良好的收益,并且市场开始出现反向变化之时,仍然盲目地坚持自己的思路和策略,以致千金散尽,最终又是纸上富贵一场——

一位投资者曾通过做贸易赚了几百万,在一个北方县城里面小有名气。2007年,股市正逢牛市,而做贸易生意的利润空间越来越小,他就关掉了贸易公司,进入股市。此前的经历让他对于在股市中获得成功信心十足,于是,他一边交易,一边寻找规律。初期,由于市场走势良好,他连连获利,并在股市中投入了更多的资金,一度获得了近30%

的收益。

　　股票投资毕竟不同于经营实业，他此前的成功在于他的韧性和坚持，而在股市的零和博弈中，更需要的是理性和克制。后来，在市场转熊时，他不仅没能将此前获得的近100万元的利润收入囊中，反而将300万元的本金亏损到了70万元。

可见，投资者不应对市场妄加猜测，而应客观地分析和判断市场的走势，顺势而为。市场永远是正确的，错误的只有投资者，而错误的代价，也要投资者自己来承担。适度的自信是必要的，没有依据的盲目自信是投资的天敌。投资者应根据市场的变化，选择适合的时间及时兑现收益，使其成为真正的财富。而纸面上没有兑现的利润，终究只是一个象征性的数字。

第二章

投资创造财富

投资理财极为重要，财富的积累如同逆水行舟，不进则退。而我们应该如何投资？在投资过程中，我们应该注意哪些问题？哪些要素构成了我们投资获利的必要条件？

　　投资成功的关键在于成熟的思维和良好的心态。探求投资智慧的过程是一个感悟的过程，这个过程的长短因人而异。感悟的周期越短，蒙受的损失就越少，通过投资而赢利的时间也就会提前。所以，我们需要尽力缩短这个周期。

　　前车之鉴是最好的老师，深刻的道理常常蕴含在微小的事物中。本章通过对一些历史事件、生活现象以及笔者所见所闻的解读，分析投资中需要注意的一些问题和现象，希望能给读者以启示。

郁金香与洋葱——经济泡沫的启示

"郁金香狂热"发生在 17 世纪的荷兰,它是世界上有记载的最早的泡沫经济事件。自 1634 年开始,一些从荷兰境外引进的郁金香品种受到人们的追捧,价格持续上涨。投机者看到了巨大的商机,开始大量囤积郁金香球茎。在舆论的鼓吹之下,郁金香球茎价格疯狂飙升,出现巨大的泡沫。泡沫破灭之后,市场上郁金香球茎的平均价格仅剩下高峰时期的约 1%。大量财富快速蒸发,引发了荷兰各大都市的混乱。

相对于今天来讲,虽然当时的经济体系比较简单而独立,产业间的相互影响也不如现在深刻,但泡沫的破灭还是给荷兰经济带来了严重的冲击。此后的近半个世纪中,欧洲经济中心向英吉利海峡迁移,荷兰的海上霸主地位也日渐衰落。一些参与郁金香交易的平民由于盲目追逐郁金香买卖所带来的收益,放弃了原来赖以生存的营生,而泡沫的破裂,使他们遭受了经济上的灭顶之灾。

"郁金香狂热"的影响是巨大的,成因却相当荒谬,值得我们深思和研究。"郁金香狂热"大致分三个阶段——

初期,大量的植物爱好者出于对郁金香的喜爱,开始不断买进郁金香球茎。郁金香生长周期较长,其产量不可能在短时间内大量增加,因此,随着需求的持续增加,郁金香球茎的价格大幅上涨。这个阶段的价格上涨可以看作完全是由正常的供需因素所引发的。

中期,由于郁金香球茎价格的持续上涨,一些投机者看到了炒作的机会,他们对郁金香的栽培或欣赏完全没有兴趣,参与市场交易只是为了炒高价格,而后卖出获得收益。此时,郁金香爱好者的数量也大幅增加,需求量进一步扩大,郁金香交易市场空前繁荣,原本只有冬季才进行的郁金香球茎交易,变成了一年四季的常态交易。在活跃的交易市场中,出现了许多一夜暴富的传奇式人物,也出现了令人瞠目的交易价格,一个高级品种的球茎换取一座豪宅的情况时有发生。

后期,受这种财富效应的影响,很多平民也加入到疯炒郁金香的狂潮中。他们手中的资金有限,所以只能通过购买低价品种入市。这种交易不断推高普通郁金香品种的价格。渐渐地,这些平民也获得了收益,从而吸引了更多的平民资本入场。由于现货供不应求,出现了期货形式的交易。但在这个阶段,因为高端品种价格过高,真正的郁金香爱好者已经不再买入,而平民大量买入的低端品种并非爱好者所需。在这种情况下,郁金香仍然价格高企,但已出现有价无市的局面。最终,由于没有买家,而大量平民资本是采用抵押借贷的方式获得炒作本钱,所以价格突然暴跌,泡沫破灭。

说到泡沫破灭的导火线,有一个颇有讽刺意味的传闻:在泡沫鼎盛时期,有一个单身父亲倾其所有购得了一个稀有球茎,却不幸意外身亡。其两个幼小的女儿完全不懂郁金香交易,在家徒四壁、极度饥饿的时候发现了这个郁金香球茎,较大的女儿把它当作洋葱和妹妹分着吃掉了。这个事件迅速引起投机者的恐慌情绪,他们大量抛售手中的球茎及交易合约,致使郁金香价格大幅下跌,平均跌幅超过90%。

综观古今,放眼中外,无论是与"郁金香狂热"并称近代欧洲三大泡沫经济事件的英国"南海泡沫事件"、法国"密西西比公司事件",还是20世纪90年代的"互联网泡沫";无论是我国20世纪80年代的"君子兰大战"、1993年海南的房地产泡沫,还是2008年引发全球经济危机的美国次贷危机……它们都经历了与"郁金香狂热"相似的三个阶段,即最初是商品的供不应求,之后价格上涨吸引了大批投机者进行炒作,最终引发集体性的狂热以致泡沫破灭。

归根结底,经济泡沫的产生是人性中的非理性因素所致。即受到社会上投机赚钱的获利心理影响,用迟早爆炸的炸弹做"击鼓传花"的游戏,最后接手的那些人必然会遭受巨大的损失,

并造成社会经济的恶性动荡。泡沫只要有生存的载体，加上民众的投机和趋利心理的膨胀，就会迅速蔓延。历史也不止一次地证明，公众的盲目跟风心理，会使泡沫汇聚成极具破坏力的狂潮。贪婪使许多人失去了理智，而狂热的人们会倾向于为自己的行为寻找各种"合理"的解释，并自发地不断提升对价格的预期，妄想价格的无休止上涨。

在泡沫急剧膨胀时期，也不乏冷静理性的人指出风险，但这类言论会被很多人置若罔闻，甚至嗤之以鼻，而市场价格的确仍会暂时继续上涨。上涨所带来的财富效应，会吸引更多的人参与炒作。一些投资者甚至明知市场中存在着泡沫，但由于没有对抗泡沫的其他方法，基于对资产安全的考虑，而不得不随波逐流。比如，2009 年我国的房地产价格屡创新高，很多购房者虽明知房价已严重偏离合理的范围，存在明显的泡沫，但仍然加入到购房大军中，以求规避资产贬值的风险。这些人需要谨记索罗斯的名言："市场有时候很愚蠢，你也没必要太聪明。"

毋庸置疑的是，既然泡沫出现了，就会有破灭的一天，无非是破灭的时间和影响程度不同而已。泡沫持续时间的长短，主要受产品需求的刚性程度、增加产出的周期、价格上涨的速度、投机资金成本等多方面因素的影响。需求刚性强的商品，其泡沫产生和持续的时间一般比较长，因为需求是可以长期持续增长的，比如房地产行业的泡沫。增加产出的周期，与泡沫持续的时间也有直接的关系。从理论上讲，在短时间内大幅提升产能的商品是不会出现泡沫的，因为需求与供给很快可以达成平衡，不会提供泡沫产生的温床。如果产能扩大的周期较长，则泡沫持续的时间也会相应延长。另外，价格的上涨速度较快，则泡沫有可能会被较早地推至破灭的边缘。投机资金的成本，也是影响泡沫持续时间的重要因素，如果投机资金的成本过高，则持续时间会相应缩短，反之则会延长。泡沫所产生的负面影响，是与泡沫的规模和泡沫所持续的时间成正比的。规模越大，泡沫持续的时间越长，其对经济的冲击和破坏力就越强。

不同于"郁金香狂热"经历了近4年的过程，在法国"密西西比事件"中，泡沫是快速膨胀的，破灭的速度也同样惊人。

"密西西比事件"发生在"郁金香狂热"的80年后。从1719年5月开始，法国股票市场连续上涨了13个月，印度公司的股票价格从500里弗尔涨到逾10000里弗尔，涨幅超过了20倍。但从1720年5月开始，法国股票市场连续下跌13个月，跌幅达到95%。

泡沫对经济的影响主要体现在以下几个方面。首先，在经济的泡沫中存在着大量的参与资金，其中大部分来自金融机构的贷款，泡沫破灭后，大量纸面上的财富蒸发，会产生大量银行坏账，进而影响到经济中的其他领域。其次，在泡沫产生的过程中，大量实体经济中的资金在逐利因素的驱使下，涌入投机交易。泡沫破灭后，实体经济会因为资金的短缺而元气大伤，短期内难以重振。比如2007年，我国大量中小企业主携企业流动资

金进入股市以期获利,最终不仅在资本市场蒙受损失,企业也因为资金周转不灵而陷入窘境。第三,在泡沫膨胀的末期,大量介入的平民资本常常接到接力赛的最后一棒,在泡沫破灭之后,成为最终损失的承担者。由此引发的购买力下降、消费需求减弱等社会问题,都将对经济产生严重的影响。

泡沫纵有万般罪恶,但其皆由人性所致。从这个角度来分析,我们不难判断,泡沫必然还会不止一次地出现。仅凭个人之力是无法阻止泡沫的出现的,对于投资者来说,应该如何面对这个现实,怎样在经济的泡沫中保护自己,甚至将其作为财富积累的契机呢?

首先,我们可以根据泡沫形成与膨胀的特点来寻找资产价格上涨的迹象。对于自己有需求的商品或固定资产,我们可以提前买入,以免价格大幅上涨给自己带来损失。比如在 2003 年左右,房地产市场就出现了比较明显的供不应求的情况,从迹象上很容易判断,因为很多地区的置业者买期房需要彻夜排队,并且有些时候,还要托关系才能买到。同时,房地产又是具有刚性需求特性的,那么这就决定了房地产的价格会出现上涨。这就形成了进入泡沫产生的第一阶段的条件。此后,在需求和赚钱效应的推动下,大量炒作资金进入市场,价格加速上涨。这就进入了泡沫膨胀的第二阶段。第三阶段是全民参与炒作的阶段,准确地说,目前为止这个阶段还没有来到。如果有买房需求,并且存在购买能力，那么在出现供不应求的迹象时，买入房产是一个较好的机会。

泡沫的产生一般是基于几个因素的推动：一是该商品存在供不应求的情况，并且这种情况仍会在一段时间内继续。任何投资的机会，都是基于供需关系的失衡，没有供不应求的局面，就不会存在商品价格的上涨。二是商品的需求具有一定的刚性特点，比如房地产、农产品等。像郁金香这种实际上仅有观赏价值的商品，其价格上涨的持续性必定较弱。三是货币政策的导向，即投机（资）资本的成本问题。货币政策相对宽松，则投机（资）成本较低，投机者就有可能倾向于将资金用于对商品价格的炒作，并以此来获利。

其次，我们可以根据泡沫形成与膨胀的三个阶段的特点进行股票投资。股市是一个非理性的市场，股票价格和整个市场的估值水平，多数时间都处于被高估或被低估的情况下。也就是说，在股票市场中，泡沫是一种相对正常的现象。

在股市泡沫出现之前，市场价格通常处在比较低的位置。较低的价格使其具有更大的投资价值。这时，一部分价值投资者开始陆续进入市场。从市场表现来看，交易量出现增长，同时价格止跌，并且出现一定幅度的平稳回升。之后，由于资金的不断进入，在较低的价格上，股票就出现了供不应求的情况。那么形成股市泡沫的第一阶段的条件就具备了。这个阶段常常会发生在降息周期刚刚开始的时候，我们可以把这个阶段视为进入

市场的良好时机。但这个阶段，绝大多数投资者往往已经在之前的漫漫熊市中失去了对市场的信心。所以，这个阶段的特点是处在一片对市场的看空之声当中，同时大部分投资者早已对市场充满恐惧。在这个阶段进入市场的投资者是极少数，但他们却将从这个市场中获得巨大利润。

随着股票价格的上涨，财富的增长引起了许多投机者的关注，有经验的投机者纷纷进入市场轮流交易，把股票价格进一步推高。而投机资金介入推高股票价格，这正是股市泡沫第二阶段的特征。这个时候，大多数人持观望的态度，因为市场情况已经开始好转，但很多投资者还是不敢入场，因为之前的下跌对于他们的心理影响太大了。虽然市场中的交易量继续增长，很多股票也已经完全改变之前在低位盘整的走势，但由于多数投资者都仍然不看好市场，所以这个时期也只有少数对市场具有独到的见解，并且坚持己见的人，才会进入市场。在这个阶段，可以考虑进行短线或者波段操作。只要控制好参与的资金比例，同时设定好止损计划，是完全可以获得丰厚的利润的。

由于大量的投机资金一批批涌入，产生的赚钱效应让原本观望的投资者再也按捺不住入市的冲动，开始涌入市场。这时全民参与炒股，周围看多之声不绝于耳，炒股成了市井中的热门话题，连写字楼里的保洁员在走过显示着股市行情的电脑时，也充满期望地停下来张望——我们可以推断出，股市泡沫的第三阶段来到了。这时，股票价格被推至巅峰，泡沫即将破灭，价值投资者早已经离开市场，一部分投机资金也开始小心翼翼，只有最后介入市场的、不具备专业水平的投资者仍然意犹未尽。但是等待他们的，很可能就是泡沫破灭后惨痛的损失。

泡沫的出现会对经济发展造成不良影响，却又是不可避免的，其形成无非是经济周期与人类的群体心理共同作用的结果。如果我们能够把握其形成规律，找到在泡沫中减少或者避免损失的途径，就会抓住获得丰厚收益的机会。

鱼缸里的小鱼——马太效应

一个鱼缸里面养了九条鱼,其中有一条在主人购买的时候就比其他八条小一些。主人每次给鱼喂食的时候都发现,因为这条鱼比其他的鱼体形小,所以总是不容易抢到鱼食。后来他想,要不就多投一些吧。结果他发现,多投之后还是一样的效果,反而因为长期多投鱼食,让原本体形就比较大的八条鱼,体形更大了。而那条小鱼,由于没有吃到足够的鱼食,体形的增长速度远远不及大鱼。随着体形的增长,大鱼对鱼食的需求量更大了,在与小鱼竞争的时候,其优势也更加明显。

在上述事例中,主人要想让小鱼顺利成长,看来就只有把它安置在没有竞争的环境中这一个办法了。但想来如果是在优胜劣汰的自然环境中,物竞天择之后,小鱼可能就成为失败者葬身水底了。动物之间的弱肉强食是残酷的,人类社会也有着与其相似的竞争本质。正如下面所要讲述的《圣经》中的故事,有些人或许会认为不合理,显失公平,但如果读者认真地思考一下,就不难发现,这个世界本来就不存在绝对的公平,而生活中的真实现象,即如故事中一样。《圣经·新约》的"马太福音"中提道:"凡有的,还要加给他叫他多余;没有的,连他所有的也要夺过来。"下面的故事正是这段文字的有力印证——

一个国王远行前,交给三个仆人每人一枚金币,吩咐道:"你们去做生意,等我回来时,再来见我。"国王回来时,第一个仆人说:"主人,你交给我的一枚金币,我已赚了 10 枚。"于是,国王奖励他 10 座城邑。第二个仆人报告:"主人,你给我的一枚金币,我已赚了 5 枚。"于是,国王奖励他 5 座城邑。第三个仆人报告说:"主人,你给我的 1 枚金币,我一直包在手帕里,怕丢失,一直没有拿出来。"于是,国王命令将第三个仆人的 1 枚金币赏给第一个仆人,说:"凡是少的,就连他所有的,也要夺过来。凡是多的,还要给他,叫他多多益善。"

这个故事生动地阐述了一个真实的社会现象,任何个体、群体或地区,一旦在某一个方面获得成功和进步,就会产生一种积累优势,从而有更多的机会取得更大的成功和进步,也就是我们所说的"马太效应"。

在我们生活的世界中,"马太效应"的实例比比皆是。罗伯

特·莫顿是最早提出"马太效应"理论的学者，他指出学术界"对已有相当声誉的科学家作出的科学贡献给予的荣誉越来越多，而对那些未出名的科学家则不承认他们的成绩"。这句话概括出了社会生活的其他领域所普遍存在的现象：好的愈好，坏的愈坏，多的愈多，少的愈少。朋友多的人，就会有更多的机会认识新的朋友，而朋友少的人，则有可能更加孤独。一些原本就具有资金优势的企业，往往更容易获得金融机构的信任，更容易得到大量的贷款，使其处在更加有利的竞争环境中。

"马太效应"这种赢家通吃的现象，在各个层面都有所体现。比如美国在两次世界大战中，由于远离战场而保存了实力，并借助战争物资贸易的顺差迅速发展成位居世界第一的经济、军事强国。美国的这种霸主地位，至今仍然巍然不动。在经济优势上，美国曾经一度受到日本的挑战，但美国以其影响力携同一些欧洲发达国家，用军事上的威慑力逼迫日本，签订了著名的"广场协定"。对于个体来说，两个原本境况非常接近的人，如果一方在关键的时间内积累了一定的财富，则有机会获得更多的赚钱机会；而另一个人如果没能实现这样的积累，往往需要为了生计而辛苦奔波。

事实上，这种看似不公平的现象蕴含了公平的一面，同时也可以把现在的不公平视为以前公平结果的延续。我们可以发现，许多国家或个人曾经在某一个时间点上拥有几乎完全平等的机会，但由于在机会面前作出了不同的选择，引致了当前的差异。这也正体现了一定的合理之处。否则，无论能力孰强孰弱，无论努力孰多孰少，无论如何选择，最终都得到相同的结果，这才是最大的不公。可见，当下的抉择是改变未来方向的关键。

"马太效应"对投资者的启示有如下四个方面：

首先，在机会均等时，要迅速积累自己的优势。比如做实业投资，当你和别人站在相同的起跑线上时，应该明确自己的核心优势，使用大部分资金和精力打造核心竞争力，并且不断扩大竞争优势，使强者恒强，达到使竞争者无法超越的效果。对于证券投资者来说，在资金和交易水平初始差异不大的情况下，要善于积累经验。比如养成记录交易日记的习惯，藉此分析和总结自己的交易过程。如果在交易中出现了失误，要找到失误的原因，并记录下来，同时制定相应的解决方案，以便在下次交易中改进方法。即便交易是成功的，也应对其进行客观的判断，以确定是侥幸获胜还是基于正确的判断而赢利。如果仅仅是因为运气好，那么方法则有可能还存在问题，下次遇到类似情况时需谨慎；如果是因为思路正确，那么以后就可以继续以此思路来分析市场，并在此基础上不断提升自己的交易水平。同时，我们还应该稳妥地保护本金。保护本金主要是通过科学的资金管理，一般来说，科学的资金管理有两个重点。其一是把握每次交易中参与市场的资金量，这一点我们可以通过自己对市场的判断正确率来决定。这个正确率同样也可以通过交易日记统计出来。

如果对市场的判断正确率达到 60％以上，那么每笔参与市场的资金可以占账户全部资金的 10％～15％；如果对市场的判断正确率达到 70％以上，那么每笔参与市场的资金可以占账户全部资金的 15％～20％；如果对市场的判断正确率达到 80％以上，那么每笔参与市场的资金可以占账户全部资金的 20％～25％。另一个重点就是设置合理的止赢点与止损点。（本章后面的小节会对此进行详细的说明，此处就不再赘述）。按照以上的思路，可以使资金实现复利效应，尽早发挥资金的规模优势，使自己的交易水平和资金规模不断提升到新的高度。鱼缸中的大鱼虽然不懂得这个道理，但它们都一直在不停地积累着，所以在激烈的竞争中，它们仍然可以继续保持自己的优势，很好地生存下来。

其次，应该立足当下，不必对错过的机会扼腕顿足。虽然错误的选择会使自己失去财富积累的良机，但对于人的一生来说，这也可以看作经验的积累。暂时的失利，并不代表永远没有机会超越对手。在实体经济的投资中如此，在证券投资中这一点更为显著。证券投资者真正追求的应是持续稳定的复利效应，财富增长速度暂时缓慢并不一定是坏事，它或许可以为投资交易打下好的基础。

第三，在已经具有优势之后，投资者不能因此而懈怠，应更充分地发挥优势，保持领先的地位。如果不能继续保持自己的优势地位，极有可能转而陷入竞争的劣势当中。对于实体投资者来说，如果将优势丧失殆尽，则生存和发展的难度将大大增加。若要再度赶超对手，所需要付出的努力一定是成倍增加的。如果投资者因为取得了不错的收益，并且认为自己具有投资水平和资金上的优势，而出现懈怠情绪，不再努力分析市场，则很难稳定获利。由于主观原因而错过复利增长的机会，其损失会令人痛心疾首。如果鱼缸中的某条大鱼不去争夺鱼食，就给了其他鱼儿超过它的机会，当小鱼的体形超过它的时候，它要面对的就是能否生存的问题了。

第四，无论是在实体投资还是在证券投资中，我们都应该充分认识保护本金的重要性。证券投资是用钱来赚钱，如果本金全部损失，就等于失去了所有机会。试想，在那个《圣经》故事当中，第三个仆人虽然没有使用那枚金币做生意，但至少还保留着它；如果金币没有被国王取走，他或许还有机会通过做生意赚到与另两个仆人相近的收益。但最终他的金币被转赐给别人，他也就彻底失去了这个机会。

断尾求生的壁虎——投资中止损的艺术

在生命受到威胁时,壁虎会自断其尾以诱敌攻击,从而为自己争取宝贵的求生时间;海参会将部分器官喷出,以使自己脱离险境。在自然界,类似的情况不胜枚举。在面对危险时,及时采取措施,避免或减小危险对自己的损害,是动物的本能。作为万物之灵,在生命受到威胁的情况下,人类的本能也会很好地发挥作用。但在社会生活中,人们却常常不能正确地衡量得与失。投资是高度社会化的经济行为,在投资过程中,人性更是面临着严峻的考验,往往只有少数人才能经得起这种考验。

在实体投资中,面对策略的失误、资金的损失,很多人总是一味地坚持,而不是及时制止亏损,总结经验以利再战。在股票、期货等证券投资中,面对市场的波动和突如其来的亏损,很多人心慌意乱、手足无措,想尽一切办法却唯独不去止损离场。亏损意味着犯了错误,而犯了错误,最好的办法就是改正它,而不是一直错下去,使之酿成更大的错误。简而言之,如果出现了预期之外的亏损,那么我们应该做的只有一件事,就是"止损"。

很多人看到"止损"这个词，就有一种心理上的排斥，这是因为他们只看到了"损"而没有想到"止"。在进行投资的时候，人们总会对赢利寄予很大的期望。这种期望越是强烈，在遭遇亏损的时候，就越难以承受。

亏损必然有其成因，如果我们不去找出亏损的原因，改正决策中的失误，就会导致亏损面扩大。找出亏损的详细原因，有时并非短时间内所能完成，此时，亏损仍然会持续。所以，最佳的策略就是及时阻止亏损，之后再仔细审视自己的决策过程，并且找出亏损的真正原因，重新制订投资计划后，再进行新的投资。

如果理性地看待亏损，就可以很容易地得出"及时止损"的正确结论。但正所谓"不识庐山真面目，只缘身在此山中"，很多时候，遭受了亏损的人们往往执迷不悟，难以及时作出正确的决策。人类有非凡的想象力，这种想象力使世界更加缤纷多彩，但在投资当中，过于丰富的想象力会转化成侥幸心理。一旦出现亏损，投资者往往会以丰富的想象力在内心构思出一个奇迹，并期待着这个奇迹的出现，但单纯的对奇迹的向往并不会使投资者的梦想成真。

没有理性地采取止损措施的投资者，多数都遭受了更大的亏损。在实业投资领域，许多颇具实力的集团公司也会因为某项错误决策而遭受亏损，亏损之后并没有及时止损，反而不断以其他方面的赢利弥补亏损，最终出现资金链断裂、整个企业集团走向破产边缘的严重后果。比如当年珠海巨人集团，在IT、保健

品等多个领域实现赢利,最终因为一个错误的房地产项目——巨人大厦,而导致资金链断裂,最终破产。在证券投资领域,20世纪最杰出的投机天才之一——杰西·利弗莫尔在市场中白手起家,四起四落,但也因未及时止损而惨遭失败,最终饮弹自尽。

投资是用资本来获取收益,资本的亏损会直接影响投资的效果。资金的亏损比例和赢利比例,对应着不同的基数。当投资者的资金出现了50%的亏损时,若要挽回损失,就需要让剩余的资本产生100%的回报。无论是在实体投资领域,还是在证券投资领域,50%的亏损远远会比100%的赢利来得容易。特别是在证券投资过程中,本金对收益起着绝对的制约作用,而且,投资者还无法通过自身的努力,使整个证券市场出现任何有利于自己的改变。所以,投资者一定要制订切实可行的止损计划,并且严格执行。

止损计划的制订,可以从总体风险和个体风险两个层面考虑。

从总体风险层面上看,在投资之前,我们需要确定自己对于总体投资具有多大的风险承受能力。风险承受能力的判断,主要应该参照自己的可支配收入情况。用于投资的资金,最好是自有的可支配收入。同时还要参照收入的稳定性,如果收入相对稳定,投资中最大的风险承受能力限额也不宜超过所有可支配收入的80%。如果收入稳定程度不高,那么这个比例也应适当下调，以免出现较大幅度亏损之后，严重影响生活质量。当然，这个比例指的是风险承受能力的极限，而不是具体投资中止损计划的比例。因为在投资过程中，风险承受能力的限额应作为止损的上限，但止损比例的设定，是可以低于这个上限的。在实体投资中，这个限额由投资者衡量，只要不超过可承受的最大亏损总额就可以。如果制订了止损计划，那么在投资的过程中，一旦达到了需要止损的亏损比例，就不应追加投资。

在证券投资中，应该动态地看待止损，虽然风险承受能力的上限仍然可以是所有可支配收入的80%，但如果把所有的可支配收入都投入到证券投资中，就不能把这个比例设定成止损的比例。因为如果在账户资金亏损掉80%时进行止损，那么想通过剩余的20%的资金挽回之前的损失，就需要实现400%的赢利，这个难度可想而知，而这样的止损几乎已经完全失去了意义。所以，在证券投资中，止损的最大比例通常可设定为全部账户资金的20%。因为当账户资金出现20%的亏损时，只需要用剩余的80%资金实现25%的赢利，就可以完全弥补此前的亏损，这种难度理论上与实现20%的亏损相当。之所以说需要动态地看待止损，是因为还存在其他的可能。比如一个人将所有可支配的100万元投入到证券当中，结果出现了20%的亏损，此人进行了止损。如果说撤退是为了更好地战斗，在证券投资当中，止损则是为此后的赢利保存本金。在经过休整、对市场进行重新的评估分析、对此前的操作进行反思之后，我们可以重新

进入市场。而此时,仍然可以将止损设定在当前账户资金的20％。虽然极端的情况很难出现,但我们还是应当将其考虑在内,如果这次投资仍然失败,再度出现需要止损的情况,我们还是应当毫不犹豫地离场。同时再度休整、分析、反思,选择适当的时机重新入场。如此反复,一旦出现了相当于本金80％,也即80万元的亏损,则达到了我们的风险承受能力上限,这时就应当停止进行证券投资。如果每次止损之后,都对市场进行认真的总结和分析,并对造成自己亏损的交易思路进行客观的反思,这种极端情况几乎是不可能出现的。

在制订了整体风险的止损计划之后,我们可以再根据风险承受能力和投资计划,针对投资中的每一个环节,制订独立的止损计划。在实体投资中,应当将整个投资过程的每一步所应承担的风险量化,如果其中一个环节实施过程中的风险超过预期,就应及时进行风险控制。若通过其他方式难以控制此环节的风险,则可以考虑对整个投资进行止损。在证券投资中,应对资产组合中的每一笔投资和每一个参与品种,自己的止损计划。一旦某一笔投资,或是某一个品种出现需要止损的情况,就对其进行果断的止损操作。一般来说,在证券投资中,每一笔交易的止损应控制在账户全部资金的5％以内。假设我们在进行证券投资时,账户资金是100万元,同时统计出我们对市场的判断的正确率约为60％,那么我们可以将每笔参与证券市场的资金控制在账户全部资金的10％～15％,并且可以同时进行几笔这样的交易,把相当于账户全部资金的 5%,也就是 5 万元的亏损,设定为每笔交易的止损,同时把相当于账户全部资金 20% 的 20 万元,设定为整体止损点。如果单笔交易出现亏损,就直接进行该笔交易的止损;如果几笔交易同时出现亏损,并且亏损的总额达到账户资金的 20%,就可以考虑全部止损。即便是单独的每笔交易都未达到 5% 的止损状态,整体止损计划达到,也应如此操作。

　　投资者需要注意的是,无论是整体风险,还是个体风险,只要出现了止损计划所设定的止损情况,我们都应无条件地去执行计划,而不能随时主观地对这个计划进行修改。如果可以随时修改止损计划,也就失去了止损计划本应具有的意义。在执行计划时,我们还应果断、迅速地行动。亏损一旦形成,往往有其背后的成因,并不能马上得到改变。这时候,亏损就如同山上滚下的巨石、迎面开来的火车、天空中落下的匕首,我们唯一的选择,就是尽快地躲避,以免遭其害。

失望的孩子
——证券投资中"止赢"的智慧

一个孩子想要捉麻雀，于是就在家门口撒了一些米，然后用一根系了绳子的筷子支了一个箩，准备在麻雀吃米的时候，拉动绳子，把麻雀扣在箩里面。过了一会儿，果然来了一些麻雀，这个孩子想，才这么一会儿，就来了这么多麻雀，过一会岂不是会更多，要等一下再拉绳子。过了一会儿，麻雀果然更多了，这个孩子又想，那要是再等一下，还应该会更多。但是，有些开始来的麻雀，因为吃饱了，就陆续飞走了。但这个孩子又想，在刚才麻雀最多的时候，我都没有拉绳子，现在如果出手，岂不是吃亏了。结果越是不想出手，地上的米越少，而更多的麻雀在吃饱之后飞走了。最后，这个孩子没捉到一只麻雀，他失望地看着天上的麻雀哭了。

这个孩子本来可以满载而归，但他的想法却不切实际，因而采取了错误的处理办法，最终一无所获。现实中，类似的情况有很多，在证券投资中更是比比皆是。证券投资者大多有过类似的经历：买入某一只股票，市场最初按照预期的方向运行，投资者因此赢利，但是在赢利的过程中，投资者不知道应该在什么时候去兑现利润，甚至总是倾向于认为还有很大的赢利空间，市场还会继续向着这个方向去发展。

市场是波动的，没有只涨不跌的市场，也没有只跌不涨的品种，所以市场终会出现相反的走势。某个时候，投资者可能已经获利颇丰，但却担心离场过早，错失良机。所以在价格出现反向走势的时候，仍然选择继续持有，市场越是继续向着反方向运行，越是舍不得抛掉本来可以获利更多的头寸。在赢利不断丧失的过程中，总是在感叹不如在之前获利离场，而面对当前的价格，却又始终无法当机立断。在价格不断向着与预期相悖的方向运行的过程中，利润逐渐消耗殆尽，投资者会极度懊恼。如果此时仍然不能果断离场，而市场还是不见起色，手中的头寸已由无利转为亏损，投资者可能变得绝望和痛苦，最终就对投资彻底失去了信心。

在局外人看来，或许这种行为并不合理，但对于投资者来说，这种行为却完全是基于一种很正常的心理。人们总是有意或无意地对事物进行比较和衡量。在投资当中，也是一样。在收获赢利的时候，我们会把它和自己想象中的更高的利润做比较；在利润降低的时候，我们会把它与之前较高的利润做比较；

无利润的时候，我们会和有利润的时候做比较；出现亏损时，我们会把它与之前每一个阶段进行比较。这样比较下来，最后得到的一定是更多的痛苦。但事实上，大可不必如此。因为在投资当中，有一种很好的策略，叫做"止赢"。

"止赢"与此前章节中提到的"止损"正好相反，但却又同为离场的一种策略。虽然它们的名称截然相反，但目的却是一致的，即保护投资者的资金。"止损"是将亏损停止，使资金免受损失；"止赢"则是将利润兑现，收入囊中。

如何才能适当地运用"止赢"策略呢？仍然以上文中的故事为例，这个孩子在捕麻雀之前，应该想一下，自己需要捕到多少只，并且根据这个目标来选择笼和撒相应分量的米。之后，在实施的过程中，应该知道有多少麻雀，什么样的情况是正常的，比如可能是因为附近有足够的食物，所以即便是撒了很多米，也不一定会来很多麻雀，那么即便麻雀的数量比自己预期的少，也是属于正常情况。另外，要做好一些其他的准备，如果捕麻雀的过程中，出现了预料之外的情况，应该怎么处理。比如没有来几只麻雀，却来了几只鸽子，那么要不要捕；或者来了很多麻雀，但它们看见了这个孩子，都不走到笼下面去吃米。当然，也有可能出现上面所说的，陆续来了一些，吃饱了又走了一些。对这些情况的处理方式，决定了最后的收获。

对于投资者而言，运用"止赢"策略时需注意以下三个方面。

首先，要对投资的收益有一个切合实际的预估，并根据预估来进行"止赢"。具体情况又可以分为三种。

第一种情况是市场的走势和投资者的预期几乎完全一致。当价格在预期的时间达到了预期的位置，投资者获得了应得的收益，这时可以考虑"止赢"。止赢时，既可以把所有仓位全部兑现，入袋为安；也可以在市场趋势仍然强劲的情况下，将其中大部分仓位兑现，继续持有余下部分，以期待市场给予的意外惊喜。

第二种情况是用了比预期短很多的时间，实现了接近于预期的收益。一旦遇到这种情况，应该考虑把大部分头寸"止赢"离场，因为既然所用的时间比预期的短，也就说明目前影响价格的因素与投资者此前的预期并不一致。对于这种与预期存在不一致的情况，为保证资金安全，应该考虑进行"止赢"。同时，如果在短时间内实现了大量的预期收益，那么一定有很多短线交易者会考虑了结获利。在这种情况下，随着获利的回吐，一定会出现一个反向的走势。为了避免这种反向回调的风险，应该及时"止赢"。

第三种情况是用了比预期更长的时间才得以获利，也没有出现预期中的市场走势。在这种情况下，如果有些许获利，我们就要考虑全部"止赢"离场。因为既然时间上与预期相差较大，那么说明预期中对价格产生影响的因素并没有发挥预期中的作用，换一个角度来理解，也可以认为是预期失误。在这种情况

下,应该考虑离场。

其次,要客观、准确地认识市场。市场永远是对的,只有客观地认识市场,才能准确地判断市场的运行情况。如果市场运行正常,我们就可以按照此前的价格预期,以及针对价格预期所制订的计划来进行操作;如果市场运行不正常,我们则应该考虑制定相应的应对策略。要做到客观、准确地认识市场,应从宏观和微观两个角度来对市场进行分析。宏观层面主要包含利率、汇率、经济周期、产业政策等方面的因素。利率较低时,由于融资成本降低,市场中资金会较为充裕,证券所代表的资产价格通常出现上涨。汇率的影响是多方面的,如果汇率上涨,对于出口型的企业来说,就是明显的利空;对于原料依靠进口的企业来说,则是利好。而经济周期景气与否,会直接影响到资产价格。在景气的周期中,证券资产价格上涨;在衰退的周期中,证券资产价格下降。产业政策则会直接影响相关行业,以及与其相关的上下游产业链条。而微观角度主要指证券市场中,单一品种与整体市场变化的差异、价格与成交量的关系等。比如,当整体市场处于较弱的走势时,单一品种即便是出现较强的走势,通常也是短时间的行情,除非以某些品种为先导,引领整个市场发生根本的变化。再比如,在正常的市场走势中,价格的上涨是需要足够的交易量来配合的,对于绝大多数正常上涨的股票而言,代表交易量的换手率应在 $4\% \sim 8\%$,如果明显低于这个交易量,则上涨很难持续;若明显高于这个区间,则有可能是大量抛售所引起的，当然其中大盘股和少量的小盘股例外。

第三，要事先制定市场运行超出预期时的应对策略。市场中永远有超出预期的因素和意外的波动，应对策略的有效程度往往决定了投资者的最终收益情况。如果市场出现了与预期相反的走势，并且出现亏损，那么无论之前我们曾有多少赢利，或是此前对这笔交易的预期多么地正确，都应该无条件地进行止损。总之，如果市场情况与预期不一致，那么最好是离场或者减轻仓位。比如上文的故事中，小孩在发现麻雀开始陆续飞走的时候，说明事实已经与预期不一致了，这个时候就应该拉绳子，把能捕到的麻雀捉到再说。

可能有些投资者会问，如果按照上面的思路"止赢"，把大部分头寸了结掉，余下的头寸应该如何处理呢？我们可以参照利润回吐比例来处理这个问题。华尔街有一句谚语"不要让到手的肥鱼白白溜走"，也就是说，对于本来有利润的交易，一定不能让利润全部回吐。但同时，市场的波动所引起的涨跌，就像人的呼吸一样，是非常正常而自然的，在正常的回调中，我们应当继续持有仓位。这时我们往往不能平衡"保护利润"和"正常回调持仓"两者之间的关系，在这种情况下，我们就需要根据"利润回吐比例"，来设定止赢离场的时机。

也就是说，投资者此前把大部分头寸"止赢"离场，剩余的仓位也是存在利润的。在这种情况下，投资者可以继续持有这部

分头寸,同时按这部分头寸的最高利润幅度设定一个回调的比例。比如此前的利润是 1 万元,我们设定在这部分仓位回吐 20％的利润(2000 元)的时候离场,那么之后价格出现反向走势,利润出现回吐的情况,等到利润剩余 8000 元的时候,我们就应止赢离场。

当然以上都是操作中的一般思路和策略,利润回吐的具体比例,还应根据不同品种的特点,以及投资者自身的风险偏好,对市场的判断水平等多方面因素来决定。但笔者认为,一般来说,这个比例不应超过 1/3,也就是 33％。因为在这个幅度内的利润回吐,相对而言比较容易接受,过大比例的利润回吐,则会影响投资者的心态。

可能有些投资者还会心存疑虑,认为既然要赚钱,为什么还容许利润出现回吐呢?这一点其实还是对市场的客观认识的问题。市场的波动是难以准确预期的,投资活动虽然要尽可能地追求准确与完美,但实则难以企及。我们制订了合理的"止赢"计划,并获得了与预期基本相一致的利润,这就是准确和完美。而并非一轮行情,从最低点赚到最高点才是完美的境界。投资者需要运用正确的思维方式并保持良好的心态,而"止赢"更是需要足够的智慧。

无法兑现的奖赏——复利的力量

传说中,古印度有一位叫舍罕王的国王,他整天无所事事,觉得很无聊,就对他的宰相达依尔说:"你是全国最聪明的人,给我发明一种好玩的游戏,如果真的好玩,我将重重地奖赏你!"

于是达依尔开始潜心钻研,经过长时间的研究和探索,他终于发明了一种具有博弈性质的游戏,这就是国际象棋。国际象棋棋盘为正方形,由横纵各8格、颜色一黑一白交错排列的64个小方格组成。

达依尔把这个游戏献给国王玩,结果国王被这个充满智慧的游戏深深吸引了,国际象棋成了他最喜爱的娱乐项目。很快,他成了国际象棋高手,跟大臣对弈,常常是所向披靡。这让国王的虚荣心得到空前的膨胀。为了履行诺言,国王打算重赏达依尔。国王说:"我的宰相,你说吧,你要什么奖赏?我都会满足你!"

达依尔为国王膨胀的虚荣心感到担忧,便对国王说:"陛下,我的要求不高,您看到这个棋盘了吗?在棋盘的第

一个小格内，放一粒麦子；在第二个小格内放两粒，第三格内放四粒，以此类推，把棋盘上所有 64 格全部摆满麦粒。这就是我希望得到的奖赏。"

国王不假思索地答应了达依尔的要求，他下令官员按照达依尔的计算方法，如实赏赐给他。负责分封的官员，按照达依尔所说方法仔细计算，结果大吃一惊。因为计算下来，最终得出一个天文数字，全国的小麦也远远不够，按当时的粮食产量，这些小麦需要全世界用 2000 年时间才能生产出来。

看似不起眼的一粒麦子，在经过连续的倍增后，其量数不胜数。如果实现这种增长速度的是你的投资呢？这就是复利的力量！就像在华尔街的投资客中流传的说法："最低的境界，是靠体力赚钱；中等的境界，是靠智力赚钱；最高的境界，就是用钱赚钱。"

很多人都明白这种钱能生钱的道理，但在进行投资的时候，人们常常会感慨本金太少，无法实现较高的收益。这其实是因为没有真正意识到复利的力量。我们可以做一个计算，假设通过投资，一个人每年可以稳定获利 50%，那么投资 1 万元，3 年之后也仅仅能获得不到 34000 元的收益。但如果把这个投资周期延长 10 倍，投资 30 年，那么收益是难以想象的 190000 倍。也就是说，如果投入 1 万元，每年收益达到 50%，那么 30 年后，就可以拥有 19 亿元的财富。

　　既然财富的几何递增有着如此巨大的力量,我们如何将其合理地运用在投资当中呢?

　　首先,应该理顺投资思维,形成良好的投资理念。广义的投资,包括基于价值的投资和基于对走势判断的投机。两种投资方式都可以获得丰厚的收益,而且都有着共同的前提条件,即交易思维上的统一性。通俗地讲,就是基于何种考虑进入市场,也应该基于相同的考虑进行离场的判断。笔者此前接触过一位投资者,他花了很多钱从研究机构买来详尽的上市公司信息,用于选择股票。但之后并没有在相对较低的合理价值区间买入股票,却采用技术分析方法,等待技术上的买入信号。通过技术方法买入之后,价格出现波动,按照技术分析法,已经出现离场信号,但此时他又以价值分析法对其进行判断,认为股票仍然具有投资价值,所以继续持有。最终,他不仅没能获利,反而损失了近半的本金。良好的投资思维是实现稳定获利的前提和保障,可以为财富的复利式递增打下坚实的基础。同时,我们应该在投资之前设定好投资目标,并制订切实可行的投资计划。在保证资金安全的前提下,实现收益的稳步增长。

　　其次,就是保持良好的心态。投资心态与投资理念是相互作用的,良好的投资理念有助于心态的调整,而良好的心态也对理念的实施有着很好的保障作用。投资者应保持平稳的投资心态,切忌急躁。任何人都很难准确预料市场的变化,但通过客观具体的分析,我们可以大致把握市场的变化趋势,理性地选择适

合自己的长期投资。

第三，要及时调整自己的投资策略，以适应内部和外部条件的变化。正如上文中所提到的，每年实现 50％ 的收益，就可以带来 30 年 19 万倍的回报。实际上，每年都实现 50％ 的收益极为不易。1965 年到 2006 年间，"股神"巴菲特掌管的伯克希尔公司的净资产的年均增长率也只是 21.46％，累计增长幅度为 361156％。其中有市场正常波动给收益周期带来的影响，但更重要的则是资金量增长到一定程度之后，在市场中的进出成本就会大大增加，相应的收益率也必然下降。也就是俗话所说的"尾大不掉"。很多大型企业的业绩增长率会稳定于一个中等偏低的水平，也是这个原因。但与伯克希尔公司的业绩增长相比，反映全球经济增长水平的标准普尔 500 指数，同期年均增长率为 10.4％，累计增长幅度为 6479％——巴菲特的股市战绩可谓辉煌，同时，他也缔造了一个金融帝国和投资神话。

与市场上已经形成规模的巨型资金相比，较小的资金具有明显的灵活性优势，所以连续实现超过 50％ 的年收益并非不可能。很多创业型的实体公司都实现了每年数倍的增长速度。对于投资者来说，根据外部和内部的环境变化及时调整自己的投资策略是至关重要的。特别是在资金增长到一定程度之后，就不能再期待每年实现过高的收益水平。若仍将收益比率定在过高的位置，则容易影响投资者的心态，带来巨大的风险。

行百里者半九十
——制订合理的投资计划并坚持实施

《战国策》中写道:"行百里者半九十,此言末路之难也。"百里的路程,最后十里往往最难坚持,因为还有很多更大的困难需要克服。在现实生活中,人们常常是在最后关头因一步之差,与成功失之交臂。造成这种情况的主要原因大致有三个:一是对困难预估不足,以致虽然即将行至终点,但客观条件已不能支撑继续前进;二是不了解终点在何处,认为继续坚持也是希望渺茫,并因而放弃;三是已经没有精力和毅力坚持下去。

无论是在实体经济投资中,还是在证券投资中,这种情况都普遍存在。在实体经济投资中,很多企业在面临困难的时候选择了放弃,而事实上距成功仅一步之遥。在证券投资当中,常常有很多人看好某一个投资品种,就较早地参与了市场,但市场一直走势平平,一段时间之后,他们难以忍受市场长时间的正常震荡而离场出局,结果把大幅的利润增长拒之门外。

对于投资者来说,长期的付出得不到回报,在资金和心理的

承受力上都是一个不小的挑战。人们在投资中不断地付出资金、时间与精力，会理所当然地期望逐渐接近成功的目标，但赢利状况长期不佳会令人倍感处境艰难。而且距离目标越近，困难的程度就越大。这时，对未来预期不明确，或是意志力相对薄弱的人，很容易选择放弃。其实，他们已经离成功非常近了。

这种情况是对投资者毅力的极大挑战。作为普通的投资者，如何让自己在投资之路上更多一份信心和坚持，并最终抵达成功的彼岸呢？

分析在接近目标之时放弃努力的三个原因，我们可以发现它们有一个共性，就是缺少明确的目标和切实可行的计划。我们以股市投资为例来说明这个问题。针对其中第一点，之所以对困难预估不足，以致虽然即将行至终点，但客观条件已不能支撑继续前进，是因为没有制订合理的资源配置计划。如果能事先明确目标，就可以准确地预估其实现的难易程度，并根据整个目标的实现过程，分环节地配置资金、精力和时间，这样就不会出现行将成功，却资源耗尽的情况了。针对其中第二点，投资者之所以感到希望渺茫，也是因为缺乏以正确的方向和目标作为指引，无法选择适合自己的有效的交易思维和操作方法，从而导致大量资源凭空消耗，信心极度萎缩，最后停下了迈向成功的脚步。针对其中第三点，如果有正确的目标和方向作指引，同时制订合理的实施计划，就可极大地提升信心和坚持到底的决心。

如果以价值分析方法为依据，那么在股票投资过程中，就不需因短暂的非理性下跌而恐慌，也不需因小幅的上涨而急于兑现利润。如果以技术分析为指引，就不需过于在意某一笔交易的得与失，只要坚持执行可以高概率赢利的方法，最终就会获利。有了明确的方向，也就不会半途而废了。

那么在投资的过程中，我们应该如何避免这种情况出现呢？

首先，要明确投资方向。投资者要选定在哪一领域进行投资。确定了方向，就可以避免在投资过程中左右摇摆，使大量的机会从手中溜走。比如有的人本来是投资实业，但由于股市涨幅很大，认为参与股市很可能在短期内获得更多的收益，从而弃实业转入股市，但因其在该领域不具备专业水平与核心优势，结果遭受亏损。此时，投资者若重回实业投资领域，也难有收获。因此，明确的投资方向，是投资者走向成功的前提。

其次，要确定衡量投资效果的标准。比如在实体投资中，可以将企业产品销售量、市场占有率、企业净资产总量等作为衡量标准，也可以把提高企业知名度、企业社会影响力等作为衡量标准。对于证券投资者来说，可以考虑将利润总额或利润率作为衡量投资效果的标准。有了明确的标准，投资者能对成功更有把握。

第三，要制订详细的投资计划。"罗马不是一天建成的"，成功需要一点一滴地积累。根据投资的总体目标制订细致的计

划，一步步地妥善实施，才能获得成功。计划的每一个步骤都要具有可执行性，否则就是纸上谈兵。对于一个资产总额只有几万元的小型加工厂来说，如果制订的计划是一年产出上千万，两年成功上市，实现的可能性就极低。也就是说这个计划，不具有可执行性。如果投资者以几千元进入证券市场，想要在一年之内收获百万，两年之内成为第二个巴菲特，也是白日做梦。这种不切实际的计划，只会让目标变得遥不可及。

　　第四，谨慎地实施投资计划。在执行计划的时候，一定不能因为执行上存在偏差，而贸然改变投资方向，以致目标无法达成。在实体投资中，计划经营的项目、每个环节所投入的资金、不同阶段需要整合的资源，都需要按部就班地落实。无论是时间顺序，还是数量、质量，都不容出现偏差，否则就可能失之毫厘，谬以千里。在证券投资中，应严格执行根据整体的获利目标所制订的操作计划，该参与市场的时候，要果断参与；该离场休息的时候，要敢于舍弃。

　　事实上，无论是行至"九十"还是"五十"，只要没有达到"百里"的成功目标，我们就永远是"在路上"，也就是尚未成功。清楚了方向，明确了标准，制订了计划，认真地执行，我们就不会轻易放弃。这样一来，投资成功的路径也就清晰可见了。

神射手之惑——心态与利益的平衡

羿射不中的启示

　　后羿因神乎其神的箭法而名声大噪。夏王想见识一下这位神射手的箭法，也想给他一个考验。他召见了后羿，把一块一尺见方的靶子放在并不是很远的地方，并对后羿说，"如果你射中了靶子，就赏你万两黄金，但如果射不中，就削掉你一千户的封邑。"若是平时，即便是在更远的地方放一片树叶，后羿也能百发百中，但现在一想到有可能到手的万两黄金，和有可能失去的千户封邑，他心潮起伏，无法平静，原本容易射中的目标，变得异常遥远。在患得患失之际，他连射两箭都没有射中。于是，他沮丧地低下了头。

　　在患得患失之际，神射手后羿尚且无法射中一个对他来说非常简单的目标。在专业性极强的投资领域，由于投资的决策会对收益产生直接的影响，所以很多人无法客观冷静地进行判断。比如投资者买了某一只股票后，一定盼望着股价快速上涨，

一旦股价下跌,很多人常常不能客观地分析原因,而是不断地寻找股价仍将上涨的依据。之后股价如果继续下跌,虽然自己也会觉得不妥,但在潜意识中却会排斥一切负面的消息和言论,甚至继续买入这只股票,以降低持有成本,等待价格出现回升后快速地收回成本,甚至赢利。在利益的影响下,人们常常不能理性地看待问题,以致遭受损失。

作为投资者,我们应该尽可能避免患得患失的心态,更客观地看待市场。在持有仓位的时候,要试着从中立的角度或是对手的角度来分析市场。比如在持有股票的时候,要试想空仓者会怎样看待市场;在持有期货多头仓位的时候,要考虑空头仓位的持有者、持币观望者的想法。从不同的角度进行分析,可以使自己的判断更加客观准确。投资中,最后的赢家总是能冷静客观地看待市场的人。

专注:箭道

楚王曾经在云梦泽打猎,这时左边跑出一只梅花鹿,楚王开弓搭箭,准备射这只梅花鹿。突然,右边又跑出一只麋鹿来,他就转手准备射这只麋鹿。在他欲射未射的时候,头顶又飞过一只非常大的天鹅。一时之间,他犹豫不决,不知该射什么好了。陪同楚王一起打猎的神箭手养由基见到这种情况,上前对楚王说:"以臣的射箭水平,如果每次把一片树叶放在百步以外,我也能够射十箭中十箭。但如果一次放十片树叶，能否射中，我就一点把握也没有了。"

这个故事说明，面对多个目标，人们通常难以抉择，以致失去胜算。明确的目标和对这个目标的坚持，是实现成功的必要条件。在证券投资中，目标是否明确决定着投资的成败。

在股市中，如果没有明确的目标，每当看到热点的板块、走势强劲的个股，就去追着参与，还没等手上的仓位实现自己所设定的收益预期，又离场参与新的热点——这种做法常常令投资者一无所获，甚至遭受很大的亏损。作为投资者，应该通过对市场的客观分析确定自己的投资目标，在目标确定了之后，就要坚持自己的选择，不能轻易地被市场上其他的机会所诱惑，这样才会获得长期而稳定的收益。

百发百中与顺势而为

养由基和潘虎两人比赛箭法，有许多人在一旁围观。潘虎将靶子设在五十步外，靶子上有一个红色的靶心，潘虎连射三箭，全部正中靶心，围观的人喝彩不断，潘虎自己也很得意。轮到养由基射箭时，他环视四周，说："射五十步外的靶心，距离太近目标也太大了，不如改射百步外的柳叶吧！"说完，他指着百步外的一棵杨柳，叫人在树上选一片叶子，涂上红色作为靶子。接着，他拉弓放箭，正好射穿这片杨柳叶的中心。在场的人全都惊呆了，鸦雀无声。潘虎自

知没有这样的本事，但又不相信养由基每箭都能射穿柳叶，就走到那棵杨柳树下挑了三片杨柳叶，在上面画上靶心，请养由基按次序再射。于是养由基在百步之外连射三箭，又箭箭射穿柳叶中心，潘虎口服心服，围观者也欢呼喝彩。就在这时，有一个路人走到养由基身边，说道："你基础不错，是个可教之材！"养由基认为这个人口气太大，心里很不舒服，就转身问道："你准备怎样教我呢？"那人平静地说："我不是教你怎样射箭，而是来提醒你该怎么做人。你想没想过，你虽然可以百步穿杨并且百发百中，但一旦你力气用尽，有一箭未中，你那百发百中的名声就会受到影响。一个真正善于射箭的人，应当注意保持名声！"养由基听了这番话觉得很有道理，再三向这个人道谢。

无数次正确的行为才能铸就成功，但小小的错误就会使成功毁于一旦。若要有效避免错误的出现，就应做那些自己有把握的事情，并拿捏好分寸，顺势而为。在证券投资中，无论投资者通过多少次的成功才积累起了一定的资金，只要遭遇一次大比例的亏损，就会前功尽弃。对于投资者来说，除了要有效地管理资金，进行"止损"、"止赢"操作以外，还应考虑在没有发现好的投资机会时，让自己和资金休息，而非刻意地寻找甚至创造机会参与市场。

在股票投资中，投资者应该在市场趋势处于上升阶段的时候选择相应的个股参与；而当市场趋势处于下跌周期时，最好的策略就是离场休息。虽然熊市中也存在表现良好的个股，但并不是每个投资者都有机会选中它并因此获利，毕竟在熊市中赢利是小概率事件。对这种特殊情况寄予过高期望，或是努力寻找类似的参与机会，极容易造成不必要的损失。

在期货交易中，很多人凭借对短线走势的敏感判断，频繁地进行重仓短线的操作。这样虽然会接连有所斩获，但任何一次对方向的错误判断，都可能导致前功尽弃。在投资中，善战者并非屡战屡胜者，而是懂得把握市场脉搏、懂得休息的人。

句章野人——投资经验不宜过度相信

　　一个农夫用草来遮盖院舍的篱笆墙。有一天,他听到篱笆处有"喈喈"的声音,他掀开盖着篱笆的草,发现了一只野鸡。他拿走野鸡,又把草重新盖上,希望能再有这样的收获。第二天,这个农夫又去篱笆墙边上听,结果又听见了"喈喈"的声音,于是他快速地把草掀开,但这次发出"喈喈"声音的却是一条毒蛇,这条蛇一口咬在农夫的手上,农夫最终不治身亡。

　　这是刘伯温在《郁离子》中记载的句章野人的故事,我们可以从故事中领悟出这样的道理:福祸相倚,世间不仅有飞来横财,也有无妄之灾,如果总是寄希望于侥幸的运气,结果往往不尽如人意;对于某个事物,我们不能只是见到其有利的一面,而忽略掉其不利的一面——譬如,经验会带给我们便利和好处,但过度地相信经验,而忽略了现实中的不确定因素,则有可能带来灾难。

在证券投资中,这个故事所蕴含的道理更是发人深省。证券市场中存在着大量的不确定性因素,有些时候,它们看似机会,实为陷阱。我们常常可以看到有些股票出现快速拉升的走势,并引起广泛的关注,不少人追涨买入。但这种走势有可能是所谓的主力资金为抛出手中所持筹码而掷出的"烟幕弹"。如果我们只是看到这种快速上涨趋势就认为是一个机会,而忽略了它有可能是庄家的一个圈套,就很可能蒙受巨大的损失。在期货交易中,通常一波短线的多头或是空头走势之后,马上就会出现获利一方的平仓回补。在这种情况下,如果贸然参与市场,很可能踏入亏损的陷阱,因为这种回补往往会使价格出现很强的反向走势。

在进行投资决策时,许多投资者往往只关注有可能产生的收益。比如在股票交易中,总是试想如果股价按照现在的趋势一直上涨,自己可以赚到多少钱;在期货交易中,总是计算在市场判断正确的情况下能获得多少收益。没有只涨不跌的市场,也没有只涨不跌的品种,如果投资者事先不做好心理准备,也没有制订相应的操作计划,一旦遭遇在高位接盘后走势逆转的情况,必然会遭受损失。一些交易者常常把因运气好而获得丰厚利润当作经常出现的情况,或者认为是自己的水平使然。比如,在股票交易中,选择了一只股票,并且在比较理想的点位买入,之后这只股票一路上涨,使投资者获得了大幅收益。但投资者作出买入决策的时候,仅仅是因为这只股票的代码是自己的幸

运数字。在此后的交易中,投资者经常寄希望于类似的情况出现,每次都选择自己的幸运代码进行交易。好运气会令投资者获得收益,坏运气则会让投资者把利润还给市场。如果故事中的农夫不是幻想着每天都会有捡到野鸡的好运气,而等待着不切实际的机会,那么他就不会遭遇噩运了。

以上这几种情况是交易经验不多的投资者常会犯的错误,交易经验丰富的投资者更多地是根据自己总结出来的规律对市场进行判断,并作出操作决策。诚然,经验的作用不可否认,但过度地相信自己的经验也可能招致意外之险。如果故事中的农夫没有把将草中藏有野鸡当成规律,而是在进行谨慎的观察之后再采取相应行动,就不会被毒蛇咬个正着。

投资者应当不断地总结经验,用经验来辅助自己进行市场判断,但不能陷入经验主义的泥潭。未来是未知的,仅仅用以往的经验分析未知,忽略现实中的种种不确定因素,实是不智之举。在交易成功后,应客观冷静地对其进行评价,分析成功的原因到底是交易水平的提升,还是仅仅由于运气好。如果是后者,那么我们不能总是期待它再次出现,而是应该通过不断的学习和总结,提高自己的投资水平,这样才能稳定赢利。

在投资过程中,面对每一个机会,我们不能片面地认为其只会带来收益,从而不制订止损计划。市场的多变性和不确定因素永远都会存在。因此,在任何时候都不要进行全仓操作,以免对资金造成不可挽回的损失，而应将参与市场的资金分散开来，避免因对某一领域或某一企业的判断失误而导致全盘皆输。同时，还应该对每一笔投资以及参与投资的总额制订合理的计划。如果市场出现预期之外的波动，我们应该及时作出加仓、减仓或离场的决策。另外，要考虑到如果市场长期未按自己的预期运行，我们应该如何处理。完整的解决方案可以充分防范市场中潜在的风险，即便出现特殊情况，投资者也可以从容应对，使资产免遭损失，为之后投资保存充足的实力。

第三章

因人而异的投资工具

　　很多朋友都对投资工具的选择举棋不定,因为理论上任何一种投资工具都是可以实现赢利的,但同样也都是存在风险的。投资工具的选择,不仅因时而异、因事而异,更重要的是因人而异。

　　投资者应该根据自己的年龄、家庭结构、收入情况、性格、风险承受能力、投资水平、收益预期等因素,选择适合自己的投资工具或投资工具的组合。在具体选择时,主要参照不同投资工具的收益性、流动性、风险性等几个因素。

　　本章将对常见的投资工具进行分析和比较,以帮助投资者选择适合自己的投资工具。

股票——投资投机两相宜

当美国加州蒙特利海域中的沙丁鱼几近绝迹的时候，沙丁鱼交易市场近乎疯狂，商品交易员互相竞标而使得沙丁鱼罐头的价格飙升。有一天，一个买家在赢利之后，决定以一顿昂贵的晚餐好好犒赏一下自己，于是打开了一罐沙丁鱼罐头并开始吃起来，可是一会儿他就感到肚子不舒服。之后他质问卖家，卖家是这样回答的："是你搞错了，这些沙丁鱼罐头不是用来吃的，它们只是用来交易的。"

这个故事摘自塞思·卡拉曼所著的《安全边际》一书，它引人深思，同时揭示了投机的本质。在股市当中，价值投资与投机之争由来已久，但至今未有定论。我们且看一下经济学家和投资大师对这两者的看法——

凯恩斯：投资是对资产在其整个生命期内的收益进行预测的一项活动；而投机是预测市场心理的一项活动。

格雷厄姆：投资活动是在全面分析的基础上保证本金的安全且产生令人满意的收益。而不能满足上述条件的活动是

投机活动。

巴菲特：如果你是投资者，你会考虑你的资产（即你的企业）将会怎样；如果你是投机者，你主要预测价格会怎样而不关心企业。

在股票交易中，价值投资与投机之争完全不必存在，因为两者都是可行的交易方法，只要遵守交易思维的统一性，也都是可以赢利的。我们只要对股票的本质加以分析，就不难明白这一点。

股票是目前参与人数和参与资金最多的投资工具，截至2010年3月，沪深两市开户总数已经超过1.4亿。投资者之所以热衷于参与股票交易，大致出于以下两个原因。

首先，股票的流动性强，变现相对比较容易。以市场处于偏低的交易量的情况来看，个股之间的平均日换手率也可以超过1.5％，通常会超过2％。除了极少数成交量极小的小盘股以外，只要投资者愿意承担少量的价格上的损失，基本上随时都可以把手中的股票卖掉。像中石油、工商银行这样的大盘蓝筹股，由于参与的投资者较多，交易也更加活跃。对于随时有可能需要现金的投资者来说，可以随时卖出股票变现，卖出之后第二天就可以全部提现。即便是在不想卖股变现的情况下，如果持有的是优质股票，也可以考虑将其质押贷款，或采用典当融资的方式来融通手中的资金。

其次，股票具备实现较高收益预期的可能，并且风险尚在多数参与的投资者可以承担的范围之内。股票的收益主要来自于两个方面：一方面是通过持有股票拥有了上市公司的股东权益，通过股息和业绩分红来获得收益。这也是股票具有价值的基础。另一方面收益来自资本利得，也就是通常我们买卖股票所赚取的差价。注重资本利得，忽视股息分红是我国股票投资活动中的一个重要特点。既然重点在于获取买卖的差价，那么理论上收益的幅度还是比较可观的，因为虽然个股设定了涨跌停板的限制，但理论上也具有 10％ 的最大收益空间，如果连续经历 7 个涨停板，资金基本上就成倍增长了。

在股市中，最主要的风险来自于股价的下跌对投资者权益的影响。正如收益存在每天 10％ 的空间一样，下跌同样也存在着每天 10％ 的空间。另外，万一上市公司退市，还有可能出现股票流动性大幅降低的风险。也就是说，一旦公司退市，投资者所持有的公司股份还是存在的，也仍然享有权益，只是这个股权不能再在股市中进行交易。事实上，这种股权也是很难卖出并变现的，基本上只能获得这个企业的业绩分红。股票投资最大的风险，从理论上讲是所有的资金变为零，也就是企业不仅退市，而且破产，相应地，这只股票的价值就完全消失了。

股票收益中的股息分红使其具备了投资的价格，资本利得使其具备了投机的机会，而流动性则是投资和投机实现的必要

条件。相对而言,在我国的股市中,投机者多于投资者,股市的投机性特征更明显一些。我国最初发行股票是为了解决国有企业的融资问题,采取了审批制的发行制度,所以导致上市公司并不注重分红,而更多地在资本市场中进行运作,以使股价高企,达到"圈钱"的目的。我国的股票发行制度经历了从审批制到核准制的演变,虽然市场化程度仍然有待提高,但也有了长足的进步。强制分红政策的出台会使股市中重资本利得轻股息分红的情况有所转变。

为了解决读者可能存在的各种疑问,我们举例剖析一下股票价值的真正成因,以及为何中国的股市中投机多过于投资。

首先,我们看一下股票价格是如何形成的。假设有这样一只股票,目前市价是 10 元,这只股票前年每股的净利润是 0.25 元,去年每股的净利润是 0.5 元,而今年每股的净利润是 1 元。此前的净利润是以每年 100% 的幅度递增,如果利润的增长是企业的核心竞争力所致,同时该企业的产品仍然有足够的市场空间可待开发,那么我们假设在一段时间内,这只股票每年的收益情况还可以达到或接近这个水平。在这种预期下,张三可能会认为这只股票的价值被远远低估了。因为按目前的赢利增长速度,再过三年多,每年的股息分红就远不止 10 元了,所以以现价 10 元买入,一定是划算的。李四则持不同的看法,他认为市场上很快就会有同类更具竞争性的产品出现,或是企业团队的水平不足以支撑企业规模的快速扩张,净利润不仅不能继续大幅增长,反而有可能连年萎缩,最终达到每年不超过 0.1 元的程度。那么如果继续持有股票,靠股息分红要近 100 年才能完成 10 元成本的回收过程。所以,李四愿意以 10 元的价格卖出股票,而张三则以 10 元的价格买入这只股票。这样,基于对未来股权收益的不同认识而进行的一笔交易就形成了。这是股票在投资者之间进行流通的原始动因,也是股价在市场中形成的最初原因。基于股息分红的股票价格预期,通常更真实地代表了股票的价值。

　　资本利得,也就是股票的买卖价差,是怎样形成的呢?事实上这部分差价,本应基于双方对股票未来股息和分红收益的不同预期而产生的。我们用前面的例子进行说明:假设张三从李四手里买到了这只股票,而很多人持有与张三相同的观点,渐渐地,市场中与李四持相同观点的人越来越少,而且他们手中的股票也基本上都已经在 10 元左右卖出了。这时,还持有股票,并且也不是非常看好股息分红收益的人,会考虑有这么多人想要买,不如再把卖出的价格提高一点,从而按 11 元报价。这时有人认为 11 元也是划算的,于是市场中股票的价格就变成了 11 元。而张三手上 10 元买来的股票,也就变成了 11 元。之后,相同的因素把股价一直推高,推到了 15 元,这时张三通过对这个上市公司的进一步了解,产生了与李四相同的忧虑。他认为,虽然未来几年企业的业绩还有上涨的可能,但也有可能会远远低

于自己此前的预期；如果此时卖出，不仅可以立即获利 5 元，而且完全不必承担任何风险。于是，张三就把手中的股票以 15 元卖出，获利 5 元，这 5 元就是资本利得。这就是股票价格形成的另一个原因，也是我国股市中目前价格形成的最主要原因。我国的上市公司很少实质性地分配利润，因此，绝大多数投资者的收益预期都在股票的买卖差价上。

股市中的投机又是怎样产生的呢？我们继续用前面的例子来阐述，张三用 10 元钱买入了股票，股票继续上涨，又在 15 元处卖出了股票，张三发现原来这种方法有可能是一条比持有股票、等待股息分红更快的赢利之路。于是，他就开始总结股票上涨之前的种种迹象。最终他得出一个结论，如果股票价格原来的波动基本上在上下 0.5 元左右的一个区间，但有一天突然上涨了 1 元钱，那么这只股票就很有可能继续上涨（假设是这样的）。从此，张三就开始在市场上寻找这样的机会，发现有符合上述条件的情况，就买入股票，上涨之后就卖出，而从来不去考虑这只股票所对应的企业的业绩、能带来多少股息分红的收益、股价有没有被明显高估、企业有没有退市的可能。他所关注的就是哪只股票会涨，自己买入股票之后，能不能赢利之后卖出。从此，张三就成了股市当中的投机者。

李四则一直研究上市企业的经营情况，计算股票的合理价值。他希望找到可以长期持有，并通过企业业绩的提升而带来的股息分红就可以赢利的股票。这个企业要有好的产品、好的管理团队、好的发展空间，还有一点最重要的，就是现在的价格足够低，可以使自己用比较低的成本来赚取未来的股息分红。也不排除在有一天，股价上涨到高于自身价值的时候，直接将股票在相对高的价格卖出，获得资本利得的收益。于是，李四就成了股市当中的投资者。

其实，无论是张三的投机操作，还是李四的价值投资，最终都是可以赢利的。作为投资者，首先应该考虑自己更适合采取哪一种方式。如果对行业现状和企业经营状况知之甚少，并且没有能力或是途径对上市公司进行调查研究，从事价值投资就无从谈起。如果不能认真观察总结股市中的规律，不能找出一种或几种可以高概率赢利的方法，并且严格地执行，那么投机就很难获得收益。

如果自己有一定的经济学、管理学以及财务管理方面的基础，认同价值投资的理念，潜心地对各个行业和上市公司进行了深入的研究，那么完全就可以考虑进行价值投资。在对上市公司进行研究时，主要应关注其负债情况、主营业务收入情况、赢利情况、固定资产、同业竞争情况、品牌价值及核心竞争力等因素。一般来说，要选择负债较少的企业，负债较高会增加企业的运行成本和资金面的风险。主营业务情况则说明了企业的收入能否得以持续，如果一个企业的主要收入来自对外投资或是一

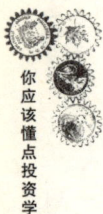

些权益的转让,那么这种增长是不可持续的,这个企业的价值也就大打折扣了。如果主营业务收入高而赢利很少,那么说明企业存在着严重的问题,因为一旦业务收入有所下降,企业很可能马上就会亏损。固定资产的数量也是衡量企业价值的重要参考标准。如果一个公司的市值是 10 亿元,其固定资产是 12 亿元,就说明这个企业的价值被严重低估了。同时,同行业的竞争情况、企业品牌的价值和核心竞争力,也都决定了企业未来的赢利能力和利润增长的速度。掌握了有关上市企业的这些信息,就可以进行价值投资的操作了。

价值投资的操作主要是在公司股票低于合理的估值时买入股票,并且在影响其基本价值的因素没有发生本质变化的情况下,始终持有。当价格达到或超出合理估值时,卖出股票。根据目前我国的股市情况,依靠股息分红来获得足够的收益还存在一些难度,但具有更好业绩的企业的股票还是会被市场赋予更高的定价,市场中的主力机构也更倾向于买入此类股票。只要把上述基本面因素分析透彻,是完全可以通过价值投资获得买卖价差所带来的利润的。

如果没有经济学、管理学以及财务方面的基础,那么就应该考虑采取技术分析的方法,进行投机交易。一切对市场产生影响的因素,最终都会反映在股票的价格和交易量上,技术分析就是通过对股票的价格和交易量的分析找到高概率赢利的规律。

只要认真地学习技术分析方法，细心地研究市场走势和主力资金的操作思路，制定合理的资金管理策略，并遵守既定的交易原则，那么通过投机交易也可以获得丰厚的收益。比如，投资者可以先通过分析趋势线或是重要的均线判断市场的整体趋势。如果整体趋势是向上的，那么就可以把所有准备参与股市投资的资金，按照自己对市场的判断准确率分为几部分，然后通过诸如MACD 指标或是 5、10、20 日均线系统等方式，对股票以及入场时机进行选择。之后一直持有，直到出现离场信号，或者达到此前设定的止损条件时，选择离开市场。如此操作，最终可以持续获得稳定的收益。

股票是一个既可以进行投资，也可以进行投机的工具。相对而言，股票投资收益性中等偏高、流动性较强、风险性也属中等偏高。它适合于有足够的时间进行学习、实践，并且具有一定风险承受能力的投资者。

期货——冰与火的博弈

　　笔者一向认为,期货是我国最公平、最有效的投资工具之一。我国的股市没有做空机制,因此,主力资金在市场中没有对手盘对其产生制约作用,可以控制市场走势,对散户投资者进行宰割;散户投资者在股市下跌的过程中只有两个选择——认亏出局,或是被套得越来越深。而期货市场则具有做空机制,很少出现主力资金长期操纵市场的情况,因为即使主力资金有意操控市场,也可能存在具有相同实力的资金的对手,对其形成制约。可能有些读者朋友由于不了解期货而难以理解上面的表述,那么我们就通过实例简单地介绍一下期货交易的原理。

　　期货最早出现在粮食作物的现货交易市场,当市场中需求或者供应不足的时候,有人担心未来商品供需关系的变化会对价格产生较大影响,并愿意在当前为未来某一种商品支付一个相应的价格,获得未来生产出来的商品的所有权——

　　王五是一个面包店的老板,每年需要购买大量的面粉用做原料。但这一年干旱严重,有可能影响到麦子的收成。

96

王五担心面粉价格上涨会提高自己的经营成本。他希望能在目前支付和以往相同的价格（每袋面粉 50 元），购买足够未来一年使用的 1000 袋面粉。这时，农民赵六也正在担心今年收割了麦子加工成面粉之后，最终能卖一个什么样的价钱，希望不要低于去年 50 元一袋的行情。王五和赵六一拍即合，签订了买卖合同，约定王五以 50 元一袋的价格，在未来一年麦子收割之后，购买 1000 袋赵六的面粉。这就形成了最初的期货形式。

很多人与王五、赵六的想法一致，因此，类似的合同层出不穷。由于想购买面粉的人逐渐增多，而想卖出面粉的农户渐渐减少，所以更多的需求使新签订的面粉合同价格涨到了 60 元一袋。这时，王五由于某些原因不再需要这批面粉了，就把原来的合约以每袋 60 元的价格转让给了市场中面粉的需求方。这就是最初的期货合约交易。

通过这种方式获利后，王五就经常在市场中寻找赚取价差的机会。很多人也发现了这样的机会，投入到合同转让的交易中来。随着这种合同转让交易的增加，期货市场逐渐形成了，并且形成了目前这种在固定的时间和场所，对约定好质量、数量和交割时间的合约进行交易的期货市场。

在目前的期货市场中，多数投资者或投机者已经不需要去最终履行这个合约所规定的买卖关系，只需要承担合约中所约

定的商品价格波动的差额。

期货交易中，签订好的合约一式两份，一份由买方持有，一份由卖方持有。如果合约的标的物价格发生变化——比如上面例子中面粉的期货价格就发生了变化，面粉价格上涨，就会使买方获益，相对而言，卖方就会遭受损失。对于农户来说，至少是没有获得更高的收益。对于市场中专门从事合约交易的人来说，可能自己在 50 元的价格处获得了面粉的卖出合约，而合约中面粉的价值已经上涨到 60 元，但他仍然要以 50 元的价格履行这个合约，也就是说合约中的每一袋面粉，都需要他支付 10 元的差价给买方。如果市场价格下跌，那么卖方就会因以较高的价格卖出而获益，同时买方则因支付了更高的成本而遭受损失。

在具备做空机制的期货市场中，如果有主力资金想要控制市场的走势，就完全有可能有对市场走势持相反看法的另一方以同等规模的资金来捕捉这个获利机会。因此，期货市场上很难出现股票市场中那种主力资金翻手为云、覆手为雨的有失公平的现象。

同时，期货交易都是采用 T＋0 当日轮转交易的制度。也就是说，当天建立了仓位，当天也可以离场，不必受持有时间的限制。这也避免了股票交易中短线交易者无法在入场当日离场的风险。

虽然作为投资工具的期货具备上述优势，但理论上，它仍然是一个比股票风险更高的投资工具。期货是采用保证金杠杆进行交易的，也就是用比较少的资金，可以进行比较大额度的交易。在期货交易中，双方并不进行直接的商品交换，为了不占用交易双方更多的资金和避免交易违约，双方只要交付少量的保证金就可以进行期货交易。这就等于用较少的资金撬动了更大的交易，所以说期货交易是一种杠杆交易。

很多人认为杠杆交易放大了期货交易的收益和风险，事实上，这是一种误解。因为杠杆只是市场提供给我们的一个工具，我们可以使用它，也可以不使用它。所以，风险其实完全来自于投资者的选择，而不是来自于投资的工具。

期货交易是买卖双方的零和博弈，也就是说，如果有一方赢利，那么与之相对的交易方则一定是亏损的。因为两者是持有相同合约的买卖双方，一方赢利而另一方必定是亏损的，同时盈亏也是完全相等的。期货交易中，多空双方之间的激战难解难分，不将一方彻底击溃，另一方不会罢休。因此，尽管期货市场更完善、更公平、更有效，但若要参与期货交易，投资者应具有更高的交易水平。

期货是一个可以实现稳定收益的投资工具，但我们应该根据实际情况来判断自己是否适合进行期货投资。首先，由于期

货具有保证金杠杆的特性，所以一定要谨慎地进行交易，比如不能重仓操作，不能不制订止损计划等。其次，期货交易者应具备一定的技术分析水平。在期货交易当中，基本面分析固然有用，但影响商品价格的因素过于繁杂，与大型企业、跨国公司相比，普通投资者在基本面的研究上明显处于劣势。因此，普通投资者更适合采用包容一切市场因素的技术分析法来指导交易行为，同时还要充分认识期货市场的风险。投资者最好在妥善考虑了这些因素之后，再决定是否从事期货交易。

综上所述，期货是一种投机性较强的工具，其收益性偏高、流动性较强、风险性也偏高。适合于有足够的时间，具有较强风险承受能力，并且有决心和毅力的专业投资者。

基金——知人方可善任

汉高祖刘邦将自己与张良、萧何、韩信这几位重臣进行比较后说道："夫运筹帷幄之中，决胜千里之外，吾不如子房；填国家，抚百姓，给馈饷，不绝粮道，吾不如萧何；连百万之众，战必胜，攻必取，吾不如韩信。"由此可见，刘邦的自知之明与知人之智。其实，任何人都不是全才，知人善任，将自己想做的事假他人之手实现，往往是更好的策略。

在股票交易和期货交易中，投资者只有具备一定的专业水准，才能够获得丰厚且稳定的收益，但这并不是每个人都能做到的。事实上，在当前参与股市和期货市场的投资者中，也并没有多少人真正掌握了股票和期货投资的技巧。对于有投资意愿，却对证券市场知之甚少，或者没有精力和时间进行交易分析的投资者来说，应该通过何种方式来获取证券市场的投资收益呢？基金正是合适之选。

我们可以通过一个简单的事例来了解基金的形成。假设你刚好有一笔钱，想投资到股票、期货或者债券当中，又担心自己的水平不够专业，想请一个投资高手帮助投资，但这笔钱的数量又太少，赚的钱恐怕也不够支付请人的费用。于是，就想到多找几个和自己情况相似的朋友，合伙出钱，雇用一个专业的投资人员，把大家的钱放在一起进行投资，盈亏和雇用专业投资人员的费用，都按照出资的比例来承担。如果我们把这种合伙投资的模式放大，并且引入合理的管理机制，就形成了基金的形式。

按照募集方式的不同，基金可分为公募基金和私募基金。

公募基金是目前最透明、最规范的基金。它是受政府主管部门监管的，向不特定投资者公开发行受益凭证的证券投资基金。这些基金在法律的严格监管下，有着信息披露、利润分配、运行限制等行业规范。随着金融市场的不断成熟和发展，公募基金的种类还会不断丰富。

私募基金是指通过非公开方式，面向少数投资者募集资金而设立的基金，它大多是以发行信托产品的方式运作。由于私募基金的销售和赎回都是通过基金管理人与投资者私下协商来进行的，因此它又被称为向特定对象募集的基金。相对于公募基金来说，私募基金的投资更具隐蔽性，运作更为灵活。政府对私募基金的监管相对比较宽松，通过投资私募基金获得高收益的机会也更大。从金融业比较发达的国家的私募基金的发展情况来看，我国未来对私募进行立法保护，是一个必然的趋势，这也可以为我国证券市场的健康发展注入新的活力。

按规模能否固定,能否随时赎回,基金可以分为开放式基金和封闭式基金。开放式基金是指随时可以向其投资,也可以随时撤出投资的基金。比如你和其他几个朋友共同出资,并且雇用了一个专业人员为你们进行投资操作,那么你们之中有人又有了多余的资金,想用来投资,就可以随时投入进来;有人需要用钱,也可以把自己的一部分资金计算盈亏之后取走。那么这就是开放式基金。如果大家约定在一定时间内任何人不得撤出投资的资金,过了这个时间后,大家统一进行本金盈亏的分配,这种基金就是封闭式基金。如果封闭式基金的持有者想在中途把所持有的基金份额变现,只有通过把基金份额转让给其他人的方式。多数开放式基金不上市交易,主要是通过基金的销售渠道(如银行)申购和赎回,而封闭式基金为了方便持有者变现,通常在证券交易所上市交易。

无论募集的形式是公募还是私募,运作的方式是开放还是封闭,人们进行基金投资的目的都是赢利。为了实现稳定赢利,投资者需要考虑两方面的因素:一是基金的投资方向,二是基金管理者的投资水平。基金的投资方向,也就是指这个基金最终是用来做什么的,也就是向哪个领域进行投资,是债券、股票,还是货币、商品。投资者可以根据自己的偏好,对基金的投向进行选择。确定了基金的投向,投资者就要选择基金管理者,主要应考虑其投资风格、赢利能力和风险控制能力。投资风格主要

看以往的资产配置情况、近期持仓情况、资金周转情况等。赢利能力主要看以往的业绩情况，收益率固然重要，收益的稳步增长则更能说明其赢利能力。比如，连续三年保持每年 20％ 左右的稳定增长，肯定要比去年获利 80％、今年出现 10％ 的亏损要好。在风险控制层面上，主要看基金管理者的运作是否一直符合合同的规定，有无违规的情况，基金经理是否稳定。基金经理频繁更换的情况需要警惕，因为不同基金经理的投资思路有明显的差异，频繁更换有可能对基金收益产生不利影响。此外，投资者还可以多留意市场和媒体对基金管理者的评论，第三方机构对基金的评级也可以作为参考。可见，进行基金投资的过程，就是一个识人的过程。

　　基金是一个适合不具备专业的股票、期货投资水平的投资者所参与的投资工具。基金在哪里购买就在哪里赎回，进行基金转换等操作也需要通过当时的交易渠道办理。若中途变更交易渠道，则需办理转托管等手续，这会造成不必要的麻烦。因此，在决定购买基金时，选择一个适合自己的渠道是非常重要的。基金投资的主要申购渠道有三个，分别是银行代销、券商代销和基金公司直销。这三个渠道各有优缺点，笔者将加以分析，希望读者可以从便利性、费用、提供的服务这几个角度出发，选择适合自己的申购渠道。

　　银行是最传统的代销渠道。一般来说，代销基金的银行也通常是基金公司该只基金的托管行。目前,基金投资者主要以银行为购买渠道,一部分人是出于对银行的信任,另外一部分人则是因为不知道还可以通过什么渠道来购买。其实,购买基金的渠道还有很多,各个渠道之间存在较大差别。从银行购买基金的优点在于银行的服务网点多,现场办理业务非常方便。但从银行购买基金有三个缺点:第一,银行代销的基金种类有限,不同银行代销的基金种类也不同。投资者如果要购买多只基金,往往难以在一家银行满足购买需求。第二,银行通常并不代销一家基金公司旗下的所有基金,投资者若要办理基金转换之类的业务就会比较麻烦。第三,投资者从银行购买基金,一般不能获得申购费的优惠,申购成本偏高。

由于近几年参与股票交易的人数大幅增加,券商也渐渐成为主要的基金申购渠道。一些大型券商代销的基金种类非常齐全,投资者可以在券商的网上交易系统的操作界面上进行基金买卖,非常方便。对于有一定投资经验的股民来说,通过熟悉的券商交易系统买卖基金,可以统一管理资金,非常便利。拥有股票账户的投资者可以通过证券公司在二级市场上买卖 LOF 基金,而且,通过券商购买基金还可以获得一定的申购费率折扣的优惠。但券商渠道也有其不足之处:首先,券商渠道的网点比较少;其次,投资者只能在股市交易时间通过券商办理开户手续。

如果通过券商渠道购买基金,应选择大型券商。通常大型券商的营业网点较多,代销的基金种类较齐全,办理业务相对

更便捷。

基金公司直销有两种方式，即柜台直销和网上直销。基金公司的柜台直销一般以服务 VIP 客户为主，有专业的服务人员提供咨询服务，而且还可以获得费率上的折扣。但基金公司的营业网点很少，而且门槛也较高，并不适合中小投资者。网上直销是一个新兴的交易渠道，大部分基金公司均已开设网上直销服务。网上直销有一定的费率优惠，而且只需一张银行卡，不受时间、地域的限制，非常方便。同时，由于节省了基金公司和代销渠道之间划转资金的时间，赎回基金后，资金到账的速度很快，可以有效地提高资金的利用率。但这个渠道也一样有其不足之处，比如，不同基金公司要求的结算卡不同，所以，如果购买多只基金，往往需要为该基金组合办理不同的银行卡。当需要购买的基金比较多且涉及多家基金公司时，就需要在多家基金公司的网站上开户，操作相对比较费时。

投资者可以将上述基金购买渠道进行对比，选择适合自己的投资渠道。总体而言，基金是一种收益性适中、流动性强、风险相对较小的投资工具，适合非专业的投资者进行投资。

贵金属——金银才是货币

由于黄金、白银等贵金属在自然界中储量相对稀少，所以价值较高。它们易于保存、流转方便，并且分割时几乎没有损耗，最适合扮演货币的角色，用来衡量商品的价值。自古以来，黄金一直是财富的象征，引得无数人对其疯狂迷恋。即便后来纸币代替金银成为货币符号，但相对于纸币而言，金银才是真正的货币。黄金价格的上涨或下跌，多数时候只是纸币对应的真实货币购买力的变化而已。

人们总是对黄金、白银有一种特殊的感情。在经济运行良好的时候，人们会买金银制品作为装饰；在经济运行不好的时候，人们会买入黄金和白银来对抗风险。民间有"盛世买古董，乱世买黄金"的说法。但随着经济全球化的程度不断加深，爆发全球性战争的可能性大幅降低，所谓的"乱"更多地体现在经济层面上，比如严重的通货膨胀会对百姓的生活产生直接影响，使其财产安全受到威胁，生活水平大幅下降。在这种情况下，黄金被大量有避险需求的投资者视为最佳的财产保值手段。

黄金同时具备货币、商品、金融三种属性，所以投资难度相对较大，投资时机较难把握。笔者认为，在以下两种情况下可以进行黄金的投资。一种情况是资产总量较大，其中一部分平时不需要使用，而且也已经有了其他的投资理财的途径，那么可以考虑配置一部分资产在黄金上面，并且做好长期持有的准备。买入的时机，可以选择在全球普遍加息的过程中进行，因为加息通常会使流通货币的价值升高，此时买入黄金成本较低，长期持有的安全性比较高。另一种情况就是以规避风险为目的。比如，在经济运行不稳定的时期，或存在很强的通胀预期时，投资者若无法通过其他方式来化解通胀造成的负面影响，那么就可以考虑适当地买入实物黄金或是纸黄金对资产进行保值。如果已经发生比较严重的通胀，那么此时黄金价格通常已经处在比较高的位置。为了防止恶性通胀使资产遭受过大的损失，也可以考虑将一部分资产转为黄金，来对抗不确定的因素。

在进行贵金属投资之前，还应该明白，虽然贵金属与纸币相比更具保值的能力，但并不意味着其购买力永远不会发生变化。因为贵金属每年都会有一定的产量，而其损耗相对而言极小，甚至可以忽略不计。那么在这个过程中，贵金属的购买力也会下降，虽然这个下降的速度通常是极为缓慢的。历史上也有贵金属大幅贬值的实例。史上最严重的一次贵金属的贬值是在 15 世纪末至 16 世纪初，美洲大陆的金矿被发现之后，大量的黄金被运往欧洲,引起了当时金价的大幅下降。而今,地质勘探水平和开发采掘技术已达到了极高的水平,再度发现规模大到足以影响黄金价格的未开采矿藏,可能性微乎其微。总之,贵金属的贬值速度是远远低于纸币的正常贬值速度的。

　　在进行贵金属的实物投资时,笔者建议投资者选择金条、银条或金锭、银锭,而不建议选择以装饰性为主的首饰,以及以纪念性为主的金币、徽章等工艺品。这些物品的价格远高于贵金属本身充当货币时的价格,若重新用于流通,其价格将大打折扣。

　　总的来说,贵金属投资的收益性处于中等水平,流动性较强,同时风险也较低,是一种偏向于避险投资的品种。在进行黄金投资时,应该以长线避险投资为主要思路,并同时配置其他的投资品种。一般来说,在贵金属上面的避险投资不应超过各类投资总额的 20%。在买入贵金属进行投资时,不必过于在意买入时的精确价格,也不应过于在意价格的短期波动。从更长的周期来判断,黄金的价格仍然是上涨的概率远远大于下跌,当黄金价格出现短期回调的时候,其他资产往往会升值。而整体经济存在风险,或者通货膨胀对资产价格产生冲击的时候,黄金价格则常会在避险的需求下出现上涨。此时,黄金价格的上涨,可以在一定程度上弥补其他资产的损失,达到避险的效果。

债券——信用至上的选择

在日常生活中，我们都遇到过借钱给别人或者向别人借钱的情况。当借钱给别人时，如果数量较大，我们首先会考虑这个人的信用情况、偿还能力，以及他能不能在约定的时间还款。如果向别人借钱，可能会向对方表述借款的原因、什么时间还钱，并会适当地证明自己完全有偿还债务的能力。之后立下借据，并把钱拿去使用。在还款的时候，我们常常因为借用了对方的钱，使对方少了获得银行存款利息的机会，所以加付高于银行利息的资金作为补偿或酬谢。这就是普通的民间借贷关系。

如果我们把资金的需求方设定为一个企业或国家，由企业或国家相关部门把事先制作好的借款凭据放在市场当中进行销售。社会中任何不固定的自然人或是法人都可以通过自愿购买的方式，向企业或国家提供资金的支持，并在还款时获得企业或国家提供的与借款金额相应的回报。那么，市场中销售的这种贷款凭据就是债券。

我们平时所说的债券主要有两种：一种是政府债，另一种是公司债。政府债还可以分为国债和地方政府债。国债是由国家相关部门代表国家发行的，以国家的信用为保证的债券。从理论上讲，国家信用的信用级别是最高的，国债是基本不存在偿还风险的债券，所以我们也常把国债称为"金边债券"。我国的国债是由财政部发行的，由于它以国家信用为依托、安全性与货币无异、收益明显高于银行活期储蓄、兑现便利，因而颇受广大投资者青睐。2009年，我国允许地方政府以信用为保障发行地方政府债。虽然地方政府债的信用级别略低于国债，但其信用等级仍非常高，作为信用安全的补偿，其收益高于国债。

公司债以公司的信用为保障，其信用级别明显低于国债和地方政府债，但承诺的利息要高于国债和地方政府债。我们在选择公司债券进行投资的时候，需要考虑的问题和借钱给别人是完全一样的，最重要的就是对方的信用度和偿还能力。公司债的发行主体一般都是上市公司，所以企业的财务情况都可以通过报表获知。选择公司的思路与买股票时选择公司的思路基本一致，重点关注其主营业务收入和赢利能力，并尽可能选择固定资产较多的企业，这种企业的偿债能力更强。如果选择了经营情况较差的公司所发行的债券，则有可能出现其不能按时支付利息或偿还本金的情况，从而给投资者带来损失。万一公司进入破产清算程序，虽然债权是优先于股权偿还的，但也可能会给投资者带来严重的损失，所以应做好充分的预估。

投资公司债券时，除了考虑违约风险以外，还应清楚地认识

可能存在的其他风险,比如流动性风险和利率风险。

一些冷门的公司债券可能因交投过于清淡而难以在比较适合的价位成交,导致投资者在想要兑现时面临流动性风险。因此,投资者应考虑选择交投比较活跃的品种。

利率风险,就是因利率变动导致投资者遭受损失的风险。利率是影响债券价格的重要因素,如果银行的存款利率提高,那么债券所约定的高于原来银行存款标准的利率优势就会减弱,同时债券的价格就会下降。投资被称为"金边债券"的国债时也需要考虑这个因素。投资者为规避这个风险,可以考虑分散债券的期限,长短期配合,通过长短期债券利率的互补来达到规避利率风险的目的。

如果投资者基于收益稳定性和安全性的考虑,买入公司债券,以期在公司发展良好的情况下,分享更多的收益,可以考虑优质公司所发行的可转债。可转债是指在一定条件下可以转换成公司股票的债券。可转债持有人可以选择持有至债券到期,获取公司还本付息;也可以选择在约定的时间内将其转换成股票,享受股利分配或资本增值。所以,对投资者而言,可转债甚至可以被视为是保证本金的股票。但正因为存在这个优势,可转债的利率一般会明显低于其他普通债券。

对于投资者来说,如果对收益预期不高,但对投资的安全性要求较高,可以考虑买入国债进行长期投资。对收益要求较高的投资者,可以考虑买入运营情况相对较好的公司的企业债。

如果看好某个企业的长期发展,但对企业的短期业绩没有足够的信心,则可以考虑买入企业的可转债,并在认为企业股权具有投资价值时,将其转为股票。

　　总体而言,从收益性上来看,债券收益相对稳定,但收益幅度不大。债券的流动性则存在一定差异,国债的流动性极强,基本上与现金无异,但公司债的流动性会有比较明显的差异。从风险角度来看,债券的风险小于股票,在某种意义上,也小于多数股票型基金。

房地产——刚性需求为王

衣食住行是人们生活中最基本的需求，也是不可替代的刚性需求。近年来，房地产市场如火如荼，而对于购买非自住的房产是投资还是投机、买房是否只赚不赔等问题，却是众说纷纭。

笔者认为，购买房产无非出于两种目的：一是用来自住，二是投资。如果是出于自住的目的，那么应该在自己的经济条件允许的情况下，尽早买进适合自己居住的房子。目前，绝大多数人会使用银行按揭贷款的方式买房，越早买，还贷的时间相对越长，每个月还款的压力也会越小。而且也可以在自己相对年轻的时候把房贷还完，年纪大些的时候，压力会小很多。

房价走势受多方面因素的影响，土地转让制度、土地供应量、项目开发流程、相应的政策税收、建造材料成本、信贷支持程度、客观的购买需求等，都会直接作用于房价。目前，我国正处于经济和社会转型时期，城市化进程的高速推进、改善性住房需求的不断增多等因素，导致城市房产需求量将会长期居高不下。

土地出让收入对地方财政的支撑作用、以公允价值为依据的贷款政策，都会使房价出现即便暂时回落，也会在同时涌现出大量的购买需求，从而再度把价格推高的情况。直到城市化进程接近尾声，而且我国人口数量增速明显放缓，市场上的需求才会真正减弱，房地产价格也才可能出现真正的回落。

支撑房价的三方面因素包括需求情况、土地出让金和贷款政策。需求因素自不必多说，因为它是客观存在的，相信读者也对此深有感触。

土地出让金是构成房价的基础性因素之一。据统计，2009年各市级以上政府土地出让收入占财政收入的比重极高，很多大中城市已达到30％以上，甚至接近50％。土地出让收入是一种容易实现的高额收入，它在财政收入当中所占的比重提升起来很容易，一旦达到较高比例且运行一段时间之后，想降下来就有很高的难度，而且需要很长的时间。更大的可能是地方政府可能会通过其他方面财政收入的大幅增长（比如工业企业税收的增加），加上土地出让金的小幅下降，而使土地出让金在财政收入当中的比例缓慢下降。可见，土地出让金若仍维持在较高水平，房价将难以下降。

在房地产行业当中，贷款是按照一个公允价值进行评估后计算的。对于一个房地产项目，评估开发贷款时是按照项目周边类似房产的现出售价进行计算，也就是按照所谓的公允价值进行计算。比如，在进行二手房交易时，银行也是根据周边相近房产的公允价值评估购买方的贷款额度。这种现象看似平常，但事实上却存在严重不合理性。因为如果不是一个房产项目，而是一个生产消费品的企业，在使用产出的产品进行抵押贷款时，贷款抵押物的计算只能是按照生产成本，而非按照现在市场上的销售价格。虽然房产属于固定资产，而消费品多应归属为低值易耗品。但无论是在会计方法上，还是在银行贷款的方式上，都反映出一个潜在的认识倾向，就是认为房地产价格通常不应下降，也不会下降，至少也是下降的概率极小。可见，按照公允价值对房产作为抵押物进行评估，本身就加重了房地产价格上涨的可能。笔者认为，房地产市场之所以容易出现泡沫，这种评估方式也是主要的推动因素之一。

投资房产的情况有很多种：有些人想通过租金来获得收益，有些人想通过转手直接赚取差价；有些人完全使用自有资金，而有些人则需要使用银行贷款。不同的资金状况、不同的投资目的，导致了投资风险和收益的差异。

笔者认为，如果以自有资金进行以租金收益为目的的房产投资，那么这种类型的房产投资是可行的。但如果是以银行贷款赚取买卖差价，也就是"炒房"，那么就属于投机的范畴，是不宜参与的。与其他的投机行为一样，我们都应该考虑一个重要因素——流动性。房产属于固定资产，由于其价值较高，所以几乎是流动性最差的商品之一，炒房者很可能会面临变现困难的风险。

虽然 2010 年 4 月以来推行的一系列房产新政对投机行为起到了一定的抑制作用,但只要土地政策、住房政策和市场上的供需关系不发生改变,那么房价的走势就很难出现逆转。而按照我国人口红利现象以及城市化进程推算,笔者认为这种供需关系有可能仍然将持续 10 年左右的时间。同时需要注意的是,房产价格中的泡沫,有可能通过两种方式化解,一是房价出现回落,二是收入上涨,降低房价的相对高度。而从宏观的角度而言,后者才是双赢的策略。在未来一段时间内,房产价格有可能是继续走高,但这个上涨的过程并不一定完全没有阶段性的小幅回调,而且也不排除某次回调会持续一段时间。在这种情况下,如果是使用银行贷款购房,并期待在某一时间卖出赚取差价,就有可能在一个阶段的较高价格买入房产,同时承担比较高的还款压力。在房地产市场当中,房屋的出租价格和销售价格有时并不同步,比如房产的销售价格上涨,但租金相对比较稳定。那么对于炒房者来说,有可能会陷入月租金大幅低于月还贷额、销售价格远低于买入价格、贷款购买的房屋变成"负资产"的窘境。特别是购房首付款比例偏低的时候,等于为房产的炒作提供了一个杠杆,炒房者可以用更少的首付款买入房产,以至于很多炒房者同时进行多套房产的炒作,但同时也使风险大幅增加。

房产投资应该建立在以获取长期租金收入为目的的基础上，这种投资是相对理性的，因为这才是房产作为固定资产，可以实现保值的根源所在。我们在本着这个目的进行房产投资时，要关注一个重要的指标——"租售比"。它指的是房产每平方米的月租价格和销售价格的比值。一般国际上公认的合理比值为 1∶200～1∶300，租售比无论是高于 1∶200 还是低于 1∶300，均表明房产价格偏离理性真实的房产价值。租售比高于 1∶200，说明房屋售价被低估，房产投资潜力相对较大，后市看好；租售比低于 1∶300，则说明房地产市场存在泡沫，房产投资价值相对变小。也就是说，我们可以选择在租售比高于 1∶200 时进行投资，而当租售比低于 1∶300 时，则不适合买入房产进行投资。在投资过程中，如果银行利率相对较低，也是可以考虑使用贷款购买的，但一定要具有可确定的偿还能力。同时，由于房产相对流动性较差，所以一定要同时配置一些其他类型的资产，以免需要资金时，无法及时兑现。

总体而言，房地产是一种适于投资而不适于投机的领域。如果进行投资而非投机，其收益性较稳定、流动性较差、风险性偏小。对于有足够资金，同时希望寻求安全稳定的收益的投资者来说，投资房地产是一个不错的选择。

第四章

开源仍需节流

很多人都具有一定的投资意识，认为不能让资金闲置，否则就会造成无形的浪费，所以想尽一切办法，让自己的资金充分地运转起来。而且久而久之，投资水平得到了提高，各种收入源源不断地增加。按道理来说，这样下去本应越来越富有，但有些人却觉得手中财富日渐减少，究其原因，无非是努力开源，却未能有效节流。

勤、俭不分家

——开源须勤　节流唯俭

一个农民素来勤俭持家，日子过得无忧无虑，十分美满。他临终前把一块写有"勤俭"两字的横匾交给两个儿子，并告诫他们："你们要想一辈子不受饥挨饿，就一定要照这两个字去做。"后来，兄弟俩在分家时觉得匾是父亲留给两个人的，所以一锯两半，老大分得了一个"勤"字，老二分得一个"俭"字。

老大把"勤"字匾高悬在家中，每天日出而作，日落方息，年年五谷丰登。然而他和妻子却不懂得节俭，常常做多了饭菜，就直接倒掉，衣服破了也直接扔掉。久而久之，家里没有一点余粮，也没有一点积蓄。老二把"俭"字匾供在中堂，平时生活极其俭朴，但他疏于农事，该锄地的时候，每天在家里睡觉，每年收获的粮食极少。尽管一家人节衣缩食，日子还是过得相当穷困。

一个大旱之年，老大、老二家中既无存粮，也没有积蓄去买粮食。情急之下，两人想起当年父亲临终教诲，并将匾

合在一起。此后，两人都勤俭持家，日子也越过越富裕。

在这个故事中，老大是一个不断创造财富的人，他每天劳作，打开了财富的源头，但却没能把财富积累起来。老二平时尽可能地节省开支，精于节流，但财源甚少，以致积累有限。由此可见，在我们的生活中，通过工作、投资来创造财富的"开源"固然重要，节约开支、合理理财的"节流"也不可忽视。

有个人因家中富有而从小养成了浪费的坏习惯。每次吃包子的时候，他都只吃包子的馅，而把包子的皮全部丢掉，倒在门外。这个人从小娇生惯养，没有什么赚钱的本事，生活上还铺张浪费，他的父母去世后不久，他就坐吃山空，花光了家中所有的钱，最后沦落成乞丐。他每天到处去讨饭吃，但因为从前有钱时得罪了太多的人，所以现在没有人愿意帮他，他常常连剩菜剩饭也讨不到。

一天，他觉得太饿了，就出城去乞讨。他走到了一所寺庙，庙里的和尚看他非常可怜，就弄了一碗东西给他吃。他觉得这东西非常好吃，就问和尚这么好的东西是哪里来的。和尚说："从前我经常到你家门前化缘，可是每次都被你拒绝。后来我发现在你家门外常常都有很多没馅的包子，于是我就把它们拾起来弄干净，然后晒干收藏起来，准备在化不到缘的时候吃，现在已差不多装满一米仓了。你现在吃的东西，就是你曾经丢掉的包子皮啊！"

我们可以从这个故事中领悟到，人生中充满着不确定的因素，如果平时不懂得节俭，不做好应对意外情况的准备，一旦外部环境发生了变化，就难免不知所措。节省下来的财富很可能会在危急时刻挽救我们的性命，而不必要的浪费则有可能导致人生的悲剧。

唐代诗人李商隐在《咏史》一诗中写道："历览前贤国与家，成由勤俭破由奢。"勤俭的道理，千古不变，于大国小家无异。财富的积累，如同水库蓄水，既要有源源不断的水流注入，又要保证流出的水量远远小于流入量。否则，永远没有办法将水库蓄满。很多人只注重创造财富，而不注重节约开支，以致千金散尽，最终一无所获。所以，我们在生活中应该做到开源与节流齐行，投资与理财并重。

箕子怖箸——生活中的棘轮效应

　　商朝时,箕子见到纣王用象牙制作的筷子,就开始担心国家的安危。他认为,纣王用了象牙做的筷子,必定不能再使用普通的陶器来盛食物,而要用犀角做杯子、用玉石来做碗,而玉碗当中,肯定也不能再盛普通的粗粮,而要盛山珍海味;纣王之后也不会再穿着普通的衣服,住在普通的房屋之中,而在满足了对锦衣玉食和宫殿高楼的需求之后,恐怕天下的一切,都不足以满足其欲望了。箕子的推断果然应验了,商朝最终在纣王的奢侈和暴政中走向了灭亡。

　　《韩非子·说林上》中记载的这个故事反映了一个生活中常见的现象——棘轮效应。棘轮具有单向转动的特性,而棘轮效应则是指,人们的消费习惯一旦形成,就存在单向发展不可逆转的特点。也就是说,一旦消费水平达到了一个较高的层次,就很难回到此前相对较低的消费水平,而会继续向着更高的消费层次发展。司马光所说的"由俭入奢易,由奢入俭难"也是这个道理。

这种现象在我们的生活中比比皆是。比如常常开车出行的人，再去挤公共汽车或地铁就会倍感痛苦；经常去高档商场购买名牌的人，就很难接受街边小店出售的工艺不够精良的商品；常常去高档餐厅消费的人，就吃不惯路边的大排档。

高消费的确更容易给人带来良好的感受，但我们需要考虑的一个问题就是，是否真的有必要这样去做。因为我们常常会因此而承受更大的压力。很多人由于收入增长了，就相应地提高自己的消费习惯。更高的消费习惯需要更多的财富来支撑，于是就要付出更多的时间和精力来创造财富；而获得了新的财富，则又会进一步提升自己的消费水平，由此进入一个不可逆转的螺旋式上升过程中。用在创造财富上的时间和精力总会有一个极限，但人的消费水平的提升却是无止境的。有些人把自己推入棘轮效应式的循环中后，失去了创造财富的斗志，从而使自己入不敷出、生活捉襟见肘。可见，物质生活水平的提高并非与幸福、快乐程度完全成正比。

在不同的时间、不同的状况下，人们会对同一件事物产生不同的感觉。比如小时候很喜欢吃一种糖果，每次吃起来，都会有幸福感，但成年后再吃的时候，很可能并不觉得味道有什么特别。这一方面是因为随着年龄的增长，人的口味发生了变化；另一方面是因为人的欲望更多了，一个小小的糖果带来的满足感，远远无法与内心的欲望相比。

从心理学的角度分析，一个欲望如果被满足了之后，就会趋于淡化。高消费带给我们的满足感，很多时候是很短暂的。当我们的内心中有着大量的物质欲望，并想实现所有的欲望时，我们面对的压力很可能是难以承受的。过多的物质欲望容易使人陷入棘轮效应所带来的痛苦之中而无法自拔。

陷入棘轮效应所带来的痛苦的原因，并不是我们得到的少，而是我们想要的东西太多——

有一个贫穷的书生连吃饭的钱也没有了，当他快要饿死的时候，一个神仙送给他一个钱袋，并对他说："我送给你的这个钱袋有一种神奇的力量，就是可以不停地从里面拿出金子，当你拿出一块金子时，袋里就会出现另一块，永远也拿不完。但有一点必须记住，就是在你使用这些金子之前，必须把这个钱袋丢进火堆里烧毁，否则所有的金子都会消失！"说完这番话后，神仙便消失了。

书生接过神仙的钱袋后，从袋中拿出了第一块金子，钱袋里果然很神奇地又多了另外一块，总也拿不完。在拿出10块金子后，他很高兴地想："我现在拿着这些金子，可以买到足够我一年吃的食物了。"他又想到这些金子还不能用，心中却不甘就此放弃钱袋，因为烧掉后就再也不能有更多的金子了。况且他还要买衣服、房子，现在的金子还远不够用呢！于是他继续从钱袋中取金子，当拿出100块金子时，他所憧憬的已不再是衣服、房子，他还想拥有大片的田地、成群的奴仆、皇宫一样的宅院……就这样，他不停地拿，可是他的肚子仍是空空的。最后，他捏着钱袋，身边堆着数不清的金块，饿死了。

我们若要避免陷入棘轮效应的恶性循环，就要清楚自己的生活目标，控制自己的物质欲望。只要做到"知足"，就可以"常乐"，少了一些不必要的欲望，就能够以更加俭朴的方式生活，从而减少不必要的压力和烦恼。

富豪们的习惯——节俭不等于小气

比尔·盖茨可谓是富甲天下。有一次,微软亚洲研究院的10名中国年轻人去他家中参加烧烤宴会。在这次宴会中,盖茨提供的不外是黄瓜、玉米、茄子、蔬菜沙拉、西红柿、卷心菜、鸡肉卷等普通食物。或许有些人会认为用这么简单的东西招待远道而来的客人,是太过"小气"了。实则不然。

曾有人问微软的元老们为何会与盖茨一起创业,并走过这么多年。其中有一个人说:"因为比尔很节俭,他每次都把车停在离公司比较远,但更便宜一点的停车场,之后多走一段路上班。"

比尔·盖茨并不小气,他一直表示要把他的绝大部分财产用于社会的公益事业。担任微软董事长时,他累计为慈善事业捐款超过百亿美元,退休时,他又把自己的580亿美元财产全数捐给名下慈善基金,这种慷慨的行为,可谓空前。

节俭的人更知道,生活中并不需要过多的钱,而节省下来的钱对于其他人可能会更有用。

另一件事例来自华人首富李嘉诚。有一次，李嘉诚从酒店出来，正准备上车的时候，不小心将一枚硬币掉在了地上。硬币向路边的阴沟滚去，旁边的一个保安见状，立即过来帮他捡起。李嘉诚把硬币收好，却从钱夹里取出100元港币，递给保安作为酬谢。

为了一个1元的硬币，却花了100元，看似是很没有道理的一件事。可能有人会说作为巨富而不舍得一枚硬币，是太过小气；也会有人认为，为了1元钱花100百元，这本不应是一个商人的行为。

事后有人向李嘉诚问起这件事情，他的解释出乎多数人的预料："如果我不去捡硬币，它就会在这个世界上消失，而我给保安100元，他便可以用之消费。我觉得钱可以拿去使用，但不能浪费。"节俭，是对财富的珍惜。李嘉诚这种对财富的态度，决定了他异于常人的行为，也推动他做出了多数人所不能企及的事业。

我们不应将节俭和小气混为一谈，所谓"小气"，是指无论是否应该花的钱，都过度地计较。节俭则是指绝不浪费，但该花的钱则会正常地支出。小气是一种不良的性格，节俭则是一种美德。许多事业成功、身家丰厚的人，都有节俭的习惯，但为人处世却并不小气。

节俭不是小气，就像慷慨不是奢侈。节俭是一种克制的消费态度，是对财富的珍惜。小气的人则无论支出是否必要，一律

尽最大的可能减少支出，其对于财富的吝惜显得偏执。

大富由天，小富由俭。对于普通百姓来说，节俭仍然是理财的不二法门。节俭能够帮助我们积累财富，有了财富的积累，我们才有机会进一步考虑投资，由小富成为大富。同时，节俭还会改变我们的心态，有助于避免消费过程中棘轮效应的形成，使我们获得更多的快乐。

附属效应——便宜的商品不便宜

在改革开放之初，某国有企业为了扩大生产能力而更换机器设备。采购者在众多的设备中进行选择，经过几轮筛选，最终决定在一款国产设备和一款进口设备之间作出最后的选择。两台设备的质量和生产能力几乎完全一样，所以最终就在价格方面进行比较。经过几轮报价，最终进口设备以明显的价格优势获得了订单。很快，设备就安装调试完毕，并且正式投入生产，生产出来的产品，其质量也完全达标。但一段时间之后，随机器带来的耗材和配件使用完了，他们发现，这种设备的配件和消耗材料在国内根本无从采购，于是他们又与设备的供货商取得联系，供货商的回复也很明确，这种设备的消耗材料和配件，只有设备的提供商才有，而且价格非常昂贵。但由于已经投入巨资购买了设备，只能继续从供货商这里采购消耗材料和配件，几年下来之后，仔细计算成本，生产同样数量的产品，这款进口设备所需要的成本已是国产的同类设备的数倍。

　　我们的日常生活中也会出现类似的情况。比如，有些家用喷墨打印机，价格极低，只需要几十元，甚至有些随电脑附赠。但其消耗品——墨盒却价格高昂，单色墨盒的价格常常是100多元，彩色墨盒的价格更有可能达到200元以上，其价格远远高于打印机的价格。但对于打印机来说，它却是必需品，而且还需要长期购买。累积下来，也是一笔不小的支出。

　　在美国，常常会有1美元的公寓，甚至是高档别墅出售，但却无人问津。主要原因是这种房子往往同时含有一些其他的附加条件，比如需要对房屋进行修缮，或者需要补缴巨额的物业税等等。如果我们只是看到房价只需1美元，就把它当作天上掉下来的馅饼，而忽视了此后所需承担的高额支出，那么就容易让自己作出错误的决定。在投资的过程中，也会存在类似的情况，即先期支付低廉的初始成本，就可获得某种商品，但之后则需要承担昂贵的后续费用。

　　有些时候，先期支付的成本也并不低廉。前几年油价相对低廉的时候，很多人喜欢买油耗较高的SUV。随着近几年油价的飙升，很多人将自己高耗油的坐驾闲置在家中，改乘公共交通工具上下班。这正是因为没有充分考虑到后续成本消耗的问题，而造成的不必要的浪费。

　　在投资和消费的过程中，我们不能只看到眼前所支付的费用，更要清楚地了解，持续进行某一项投资或是使用某一个消费品，到底需要多大的代价，以免未享其乐，反受其累。同时，我们也要明白一个道理，就是有些看似便宜的商品，并不一定真的便宜。还有另一种情况，就是某些商品真的比较便宜，那么我们是不是就应该无所顾忌地购买呢？

很多人喜欢在商场打折的时候大量采购，认为这样可以最大限度地节约开支。从理论上讲，商品的单品价格的确比以前便宜很多，但计算起来，往往总价并不低，而且常常购买了很多并不需要，或是使用率极低的商品。这样，其实也是一种浪费。衡量任何一件商品，都需要从价值和使用价值两个方面来看。比如，商场中出售的衣服是有价值的，但如果不能穿，那么就说明它没有使用价值，这就是一种浪费。

同样的东西，如果对于需要它的人来说，具有很高的使用价值，即便价格高于价值也是可以接受的。比如，对于一个在沙漠中快要渴死的人来说，一瓶水虽然价值不高，但其使用价值是极高的，在这种情况下，这瓶水无论定价有多高，他都会购买，因为再高的价格也没有办法与生命的重要性相比。而一件商品对于不需要它的人来说，即便具有很高的价值，使用价值却很低。比如生产一桶汽油，需要经过开采、炼化等环节，成品油生产出来就已具有较高的价值。但对于一个不开车的人来说，假设买来的汽油只可以自己使用，而不能转手卖出，那么即便是以比生产成本更低的价值销售，他也不会去购买。

在购买消费类商品时，我们不仅要考虑到它自身具有的价

值,更应该考虑它是否具有使用价值。因为消费类商品既不像贵金属可以用来投资,也不像艺术品可以用来鉴赏,购买它就是为了消费,是否购买,主要看其使用价值的高低。

在生活中,我们应当理性地看待看似低价的商品。对于后续需要持续性投入的商品,一定要仔细计算后续投入的成本。对于一次性消费品,也要衡量它是否具有足够的使用价值,以免造成浪费。

只买贵的？——价廉物美并非价值悖论

看过电影《大腕》的朋友，一定会对里面的一段台词印象深刻，就是"我们只买贵的，不买对的"。这种现象在现实生活中普遍存在。有一位朋友说到自己买到过的一些质量不好的东西，都是因为当时看价格便宜才买的。"一分钱，一分货"，因为价格便宜，所以质量不好，价廉物美是一个价值上的悖论。他认为，以后买东西时只需要认准一个指标，就是价格，想要什么质量的东西，就直接按价格来排序就可以了。

买东西真的只需要根据价格来选择吗？笔者无法认同这种观点。因为价格完全是由商家来制定的，而商家在制定价格时，既会考虑到商品的成本，也会考虑到其整体利益的最大化。也就是说，商家有时会为了之后的长久赢利，而降低价格，甚至是以低于成本价的价格进行商品的销售；也会为了牟求暴利，在原本的价值上附加超额的利润。比如，商家有可能利用消费者对品牌了解的不足，将低端品牌塑造成高端品牌，同时大幅提高价格。商家往往利用消费者想买质量更好的商品的心理，把利润更高、成本更低、质量也偏低的商品的价格定得略高于质量好、

成本高、利润偏低的产品。这样一来，如果商家暗示价格略高的商品质量更好，消费者极有可能会支付更高的成本，而买回并非物有所值的商品。

从商品生产的成本上看，即便是采用相同的原料和生产技术，生产的成本也可能存在很大的差异。比如生产的数量比较大，那么相应的原料采购的成本就会比较低，平均成本也会被摊低，那么在正常的情况下，销售价格也会相应降低。所以说，在消费的时候，仅仅按价格去区分商品的优劣，肯定是错的。

如果认为价廉物美是悖论，那么，这种观点仅仅是建立在"市场完全有效"的理论基础之上。这种理论认为，消费者具有足够的分辨能力，同时厂商也完全遵从以价值为基准的定价原则，同时市场中完全不存在非理性因素。但事实上，这种状态仅可能存在于理论当中，现实的市场往往是非理性的。比如，消费者缺乏足够的分辨力，消费态度不理性；厂商不遵循价值原则，以次充好或低价争夺市场；商家误断市场走势。商品的价格常常会偏离其真实价值，如果价格低于价值，同时这个商品正好是消费者所需要的，那么就出现了价廉物美的现象。

同一件商品，对于不同的人来说，其使用价值是不一样的。所谓"价廉物美"中的"美"，也就是指对于消费者来说，商品具有足够的使用价值。当然，价格是否低廉，也是需要进行比较的。

可能市场中所有的商品，对绝大多数人而言都存在较高的使用价值，所以在价格上明显高于其价值。在这种情况下，能够满足对使用价值的需求，并且价格相对较低的商品，同样可以看作价廉物美的商品。

消费者应根据自己的需要，选择适合自己的商品，比如选择一台用于办公的笔记本电脑，普通的主流配置就完全适用，没有必要多花两三倍的钱，去买顶级配置的高端电脑。消费者不应盲目追求高价格而造成浪费，应该理性地认清自己的客观需求，选择适合自己使用，而且价格相对合理的商品。

管道的故事——聚沙方能成塔

　　200年前,意大利中部的一个小山村中有两个年轻人,他们是堂兄弟,一个叫柏波罗,一个叫布鲁诺。他们有着相同的梦想,都渴望有一天能通过某种方式成为村里最富有的人。他们都很聪明勤奋,他们想,他们需要的只是机会。一天,机会来了,村里决定雇两个人把附近河里的水运到村广场的水缸里去。这份工作交给了柏波罗和布鲁诺。两个人都抓起两只水桶奔向河边。一天结束后,他们把镇上的水缸都装满了。村里的长辈按每桶一分钱的价钱付钱给他们。这时,布鲁诺非常高兴,他认为他们的梦想就要实现了。但柏波罗觉得自己只干了一天,就腰酸背痛,手也起了泡,长此下去,虽然可以赚到一些钱,但随着自己的年龄增长,这份钱会越来越难赚。所以,他发誓要想出更好的办法,将河里的水运到村子里去。后来,他建议布鲁诺和他一同修建一条从河通向村子的管道。布鲁诺却认为自己已经拥有了一份不错的工作——每天可以提100桶水,赚一元钱,一个星期后,就可以买双新鞋,一个月后,就可以买一头母牛，六个月后，就可以盖一间新房子，并且一周只需工作五天，每年有两周的带薪假期——这辈子可以享受生活，所以没有必要再去修建管道。

但柏波罗没有放弃，他用一部分白天的时间提桶运水，用另一部分时间以及周末的休息时间来建造管道。虽然修建管道的过程非常艰难，在开始的阶段，他每天拿到的酬劳也因此而降低，但他明白，管道修建成功之后会产生多么可观的效益。于是，他一直坚持着。这期间，布鲁诺开始享受工作收入所带来的物质上的满足，并和其他的村民一起嘲笑柏波罗。最后，柏波罗的管道终于完工了，他再也不用靠提水桶赚钱了——无论他是否工作，水都会源源不断地输送到村子，他的收入也在不断地增加。而管道的使用则令布鲁诺失去了工作。

由此可见，我们不能因为收入少而不去投资理财，反而应该更加积极地创造财富。我们应该暂时放弃一些享乐，少一点消费，多一点积累，最终可以借助长期积累下来的优势，笑到终点。

"合抱之木，生于毫末；九层之台，起于累土；千里之行，始于足下。"需要几个人合抱才能抱拢的粗木，是从细如毫发的时候长起来的；九层的高台，是需要一筐土一筐土来筑成的；千里远的行程，也是要一步一步走出来的。事物的变化，都会经历一个从量变到质变的过程。当量变达到一定程度的时候，就会出现

积土成山、积水成渊的效果。理财，也是一样的道理，"财"是一步步"理"出来的。很多朋友认为，自己每个月的收入并不高，所以没有必要进行理财。但实际上，这种想法是错误的。对于任何人来说，财富都是积少成多的。在资产较少的时候，就没有理财意识，那么财富就无从积累，也就永远不会变得富有，也不可能有足够的资金去进行投资，并获得收益。

举一个简单的例子：如果我们每个月拿出工资中的 500 元进行投资，同时投资的收益达到每年 10%，那么 30 年下来，这笔资金的复利就可以达到百万。持消极的态度，完全不去理财，其实与持着过于激进的态度，想一夜暴富一样，都是不理性的。我们应根据自己的年龄、性格、收入情况，寻找一个适合自己的投资理财方式。即使收入不高，也要尽可能地从收入当中留出一部分积蓄用于投资理财，这样虽然少了一些通过消费而获得的短暂的快感，但却可以使我们在今后的岁月里长期受益。

第五章

被忽视的财富

　　"天下熙熙，皆为利来；天下攘攘，皆为利往。"金钱在商业社会中的重要地位是显而易见的，而许多比"金钱"更有价值的事物却往往被忽略了。

　　"钱可以买到房子，但不能买到家庭；钱可以买到婚姻，但不能买到爱情；钱可以买到血液，但不能买到生命；钱可以买到文凭，但不能买到知识；钱可以买到手表，但不能买到时间。"爱情、家庭、知识、时间和生命，都比金钱更加重要。这些才是生活的真谛。

　　我们应重新审视我们的生活，进一步认识"财富"的本质，同时也更深刻地体会投资理财的真正目的。

很难连吃四碗可免费的牛肉面

——边际效应递减

一个学校的附近开了一家牛肉面馆。店家做了一个促销活动，能连吃四碗牛肉面者，餐费全免。许多食量不错的"大胃王"跃跃欲试，他们认为，如果连吃四碗就可以免费，即便不能吃完四碗，也无非是正常的花钱吃饭，终究没有坏处。第一碗面端上来时，挑战者充满了期待，吃到嘴里也觉得味道不错，于是风卷残云，很快就吃光了。吃第二碗面时，已经没有了最初的兴奋感，但毕竟味道不错，所以还能快乐享用。吃第三碗面时，就算是食量不错的人，胃口也差不多饱和了，吃起来无疑是"痛并快乐着"。对于挑战者来说，吃第四碗面的感觉恐怕就是痛苦了。所以几乎所有挑战者，都只是吃了两三碗，之后铩羽而归。

店家的营销策略，并非我们关注的重点。在这个事例中，包含着一个重要的经济学原理——边际效应，这才是我们将要探讨的问题。

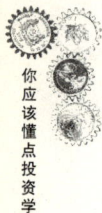

边际效应,也称为边际递减效应或边际贡献,指在其他条件不变的情况下,一种要素的供给量连续地增加到一定程度后,它所产生的作用就会下降,即可变要素的边际效用会发生递减。在经济学中,边际效应多是指消费者在逐次增量使用某消费品的时候,消费品的单位效用是逐渐递减的(虽然带来的总效用仍然有可能是增加的)。比如某个人口渴,于是很想喝水。对这个人来说,第一杯水的效用最大,给他带来的满足感也最强烈。如果给他第二杯水,他也还是需要的,但迫切程度一定不及第一杯水。如果再继续喝第三杯、第四杯,那么他对水的需求程度会越来越弱,在喝水的过程中,也越来越难体会到满足感了。

对于上文例子中的挑战者来说,每一碗牛肉面所带来的作用和感受存在着极大的差异。究其根源,有生理、心理两个方面的原因。其作用的差异,主要受生理因素的影响。从饥饿感到极强的饱腹感,生理需求自然减弱。而其感受上的差异,则主要来自于心理,从未知到已知再到熟悉,心理上的刺激也逐渐趋于平淡,这种现象与"一鼓作气,再而衰,三而竭"异曲同工。

边际效应在生活中随处可见,只是容易被人们忽视,在证券投资、经营管理以及职业规划等领域中,边际效应都以不同的方式显现出来。

参与过证券投资的朋友都知道,无论股票还是期货,在参与时都有一个起码的资金标准。如果参与股市，则账户中至少要有不低于目前市场最低价格股票 100 股的资金，否则就无法参与交易。如果投资期货，也要有不少于最低价格合约保证金的金额，才能进行买卖。显然，对于投资者来说，这基本的资金数量虽少，但却是至关重要的。

同时，在证券投资中，稳定赢利通常需要通过良好的投资组合以及合理的资金管理来实现，这就意味着，想要取得稳健的投资收益，就需要有能够满足进行组合投资的资金量。这个时候，多一些资金，就可以进行更合理的投资配置。相对而言，随着资金量的增加，会使投资的收益情况趋于有利。与作为先决条件的基本资金相比，增加的这部分资金的作用虽然有所减弱，但对投资效果具有较强的正面影响。

在拥有可以进行投资组合的资金量之后，资金如果继续增加，在收益中所体现出来的作用和重要性，就不会继续明显增加了。甚至理论上如果资金无限地增加，反而有可能会出现优势减弱的情况。因为证券交易是一个零和博弈，资金总量过大往往容易造成流动性风险。也就是说，在活跃性不强或容量较小的市场里，如果资金量过大，就会陷入尾大不掉的困境。

在前面我们提到了"复利效应"。从理论上讲，如果每年投资的收益达到 50％，30 年后资金会增加 19 万倍。同时我们也提到，对于具有一定规模资金的投资者来说，每年实现 50％的

收益是相当难的。一个市场当中,规模资金不断地大比例增长,几乎是不可能实现的。在进行证券投资时,投资者应该考虑资金增长对优势的影响,并选择合适的机会,向其他领域拓展投资,以实现单位数量投资的有效性。

在实体经济的管理和营销中,边际效应的例子也比比皆是。比如对于客运公司来说,初期每增加一辆客车,旅客数就会增加 50 人。但当客车数量增加到一定数量之后,对应的旅客人数就很难再继续以原有速度增长了。这就说明边际贡献随着客车数量的增加,产生了递减的效应。同样,边际效应如果被妥善利用,也可以充分发挥其作用。比如,有一些商家深谙消费者心理,在销售过程中,采用原价购买某种商品后,即可以优惠的折扣价购买第二件相同商品的促销方法。这就很好地平衡了消费需求和价格之间的关系。因为第一件商品对于消费者来说,需求是最强的,所以愿意支付正常的价格购买,但第二件并非必需,所以相同的价格,很难刺激消费者进一步购买的需求,但采取一定的折扣,恰好可以和消费者内心的价值观契合,并起到促销的作用。

面对愈发激烈的社会竞争,很多人都在考虑是否进修学业以提升竞争力。学历和知识水平的提高对生活质量的提升幅度,通常是符合边际效应递减原理的。人们要根据自己的情况,衡量进修学业的投入。进修学业通常需要两到三年的时间,并投入一定量的资金,期间会损失两到三年的工资收益和其他机会。将进修成本与通过进修所获得的益处，比如收入水平增加、择业范围拓宽、更多的晋升机会进行对比，我们就不难作出正确的选择。

以上例子说明了边际效应对日常经济生活的影响，对我们每一个人来说，边际效应的影响更多地存在于我们对待财富的态度上。

美国的石油大亨默尔常年为事业奔走于世界各地。1983年时，他因为心肌衰竭，住进了英国伦敦的汤普森急救中心，幸运的是，他在这里得到了及时的救治。一个月之后，他病愈出院，但他没有再回美国去经营石油生意，而是卖掉了自己的公司，住到苏格兰的乡间别墅去了。此后有记者问他，为何卖掉自己的公司，他不无感慨地说："巨富和肥胖并没有什么两样，不过是获得了超过自己需要的东西罢了。"此后，这句话也被他写到了自传中。

巴菲特曾数次成为世界首富，他所捐赠的财富数额已逾百亿，但他并没有因坐拥百亿财富而极尽奢华。他认为，物质能够满足基本生活就足够了。这种简约的生活态度和豁达的财富观，使他更专注于对事物本质的探索，也因此具备了超乎常人的判断能力，从而实现了惊人的投资业绩，成就了"股神"的神话。

在创造和积累财富的同时，我们更应该正确地对待财富。"独乐乐，不如众乐乐"，在无损于己的情况下，与人分享可以得

147

到更大的快乐，也会使人生更有价值。财富并非人生的全部，在追求财富的同时，应抽空看看沿途的风景。创造和使用财富有边际效应，刻苦学习和努力工作也有边际效应。凡事过犹不及，如果可以结合边际效应所蕴含的哲学思想来寻找我们人生的平衡点，相信每个人的快乐都会更多。

无价的财富——生命、健康与时间

　　一个青年人总是抱怨自己运气不好,生活拮据,发不了财,并因此终日愁眉不展。这天,他正走在路上,无意中遇到了一个须发俱白的老人。老人见他愁容满面,于是便问他:"年轻人,你为什么这样不开心?"他说:"我不明白,为什么我总是那么穷。"老人看了他一下,说:"穷?你很富有啊!"年轻人问道:"富有?那我怎么不知道啊?这话是从何说起呢?""假如有人要斩你一根手指,而同时给你100元,你愿意吗?"老人反问道。"当然不!"年轻人很干脆地回答。老人又问道:"斩掉你一只手,给你1万元,你愿意吗?""当然也不愿意!"年轻人回答时已经有一点不悦。但老人没有理会,继续问他:"让你马上变成80岁的老人,同时给你100万元,你愿意吗?""不愿意!"年轻人很不耐烦地答道。老人继续追问:"让你马上死掉,给出你1000万,你愿意吗?""当然不!"年轻人气愤地说,之后就想转身离开。这时老人微笑着说:"这就对了。你已经拥有了超过1000万的财富,为什么还总是感叹自己贫穷呢?"这时,年轻人才恍然大悟。原来人们不应过于看重外在的财富,再多的外在财富也无法与我们的健康和生命相比。我们拥有时间,只要善加利用,就会创造无尽的财富。

生命、健康与时间都是无价的,但很多人却未珍视这些最宝贵的财富,在失去时才后悔莫及。生命具有三个绝对性,即绝对本源性、绝对一次性和绝对宝贵性。它是一切的根本,无论一个人有多少存款、豪宅和产业,一旦失去了生命,也就失去了对这些财产的所有权。我们所追寻的理想也需要以生命作为载体,失去了生命,一切都会变得没有意义。我们只要拥有生命,就有机会创造财富、追寻理想、享受生活带给我们的愉悦。有一种形象的比喻,如果把我们的财富量化,我们的学历、事业、金钱、名誉、权力、地位都是一个个的"0",而生命则是前面的"1",如果失去了"1",后面再多的"0"也都没有意义,仍然等于"0",为生命提供支撑的正是健康。

健康是智慧与灵感的源泉,是努力与奋斗的基础,是事业成功的保证。虽然拥有健康并不意味着拥有一切,但失去健康几乎等于失去了一切。世界卫生组织曾提出了"健康也就是金子"的宣言,提醒人们重视健康。事实上,健康远比金子重要,千金散尽还可复来,但健康可能"奔流到海不复回"了。健康的身体可以创造财富,而任何财富都难以换取健康,因此,健康比外在的物质财富更重要。

有些人执着于对外在财富的追求，肆意透支自己的健康，这其实是一种本末倒置的错误行为。我们努力工作，最终的目的是提高生活质量，一旦损害了健康，就等于偏离了这个目标。我们应该清楚地认识到健康的身体才是第一财富，在身心健康与创造物质财富之间找到一个合理的平衡点，以避免出现先用健康来换得物质财富、后用物质财富来维持生命的情况。

瑞士是一个高福利的国家，其国民享有政府提供的极高的社会福利，移民瑞士是很多人都向往的事情。有一个南美的黑客通过互联网的漏洞，修改了瑞士的户籍档案，并为自己刚刚出生的儿子建立了瑞士的国籍，在填写婴儿的所属财产时，他随手写了3万瑞士法郎，他本以为以自己的水平，这件事情永远也不会被查出来。但不到三天，瑞士当局就发现了这件事情。而导致事情败露的原因，既不是户籍警察也不是档案管理人员，而是一位普通的家庭主妇。这位主妇在为自己的新生儿办理户籍时，发现了这个孩子所属财产一项填写了3万瑞士法郎，而在其他瑞士新生儿的所属财产这一项上，无一例外地都填着"时间"。她觉得这个档案可能存在问题，就向户籍部门报告了。

这个事例中的黑客因为对瑞士文化背景的不了解而功亏一篑，但更值得我们深思的却是瑞士人对待时间的态度。他们把

时间当作孩子出生后拥有的最大财富。在我国也有"一寸光阴一寸金，寸金难买寸光阴"的警句。鲁迅曾经说过："浪费自己的时间等于慢性自杀，浪费别人的时间等于谋财害命。"由此可见，我们应该珍惜时间，充分利用时间做一些更有意义的事情，而不能浪费光阴，以致留下"高堂明镜悲白发，朝如青丝暮成雪"的遗憾。

在日常生活中，我们不仅应该学会经营和管理物质上的财富，通过投资理财，使其保值、增值；而且更应该充分认识到生命、健康与时间的重要性，珍视生命的馈赠，保持身体健康，充分地利用时间做有意义的事情，使我们的人生更加丰富多彩。

知本时代

——把钱装进口袋，不如装进脑袋

1996年3月，正在斯坦福大学就读的拉里·佩奇制作了BackRub。1998年，谢尔盖·布林加入拉里·佩奇的研究。他们联合开发这个搜索项目并将BackRub改名为Google。随后两人注册了google.com域名，并从天使投资人那里得到了10万美元的投资。1999年，公司拿到了2500万美元的投资。此后，Google不断推出拥有优势核心技术的产品，并成为美国最具创新力的公司之一。2007年，Google的市值峰值达到了2500亿美元。拉里·佩奇和谢尔盖·布林真的用知识创造了"巨大的数字"。

从20世纪末开始，互联网技术的蓬勃发展引领我们迅速进入了知识经济时代。所谓知识经济，通俗地理解，就是"以知识为基础的经济"。与此相对的是"以物质为基础的经济"，即增长取决于能源、原材料和劳动力等这些物质因素的工业经济和农业经济，知识在其中起到的是辅助性作用。而在知识经济中，知

识则是拉动经济增长的主力。

知识经济是传统经济发展到一定阶段的必然产物。在这种经济模式下，人们的财富观念也在发生着根本的变化，由此前单纯的资本主导，变为"知本为王"。拥有金钱，只能说明暂时的富有；而拥有知识，就等于拥有了无尽财富。在各个领域中，凭借知识创造财富的典型案例比比皆是，农业专家袁隆平，互联网行业的李彦宏、丁磊、马化腾……而今，知识的作用愈发重要，高新技术产业在经济中的地位也愈发明显。

"家财万贯不如诗书千卷，学富五车方能神驰九州。"通过丰富学识、提高专业技能，而使自己具有更明显的竞争优势，已成为未来个人发展的必然方向。"把钱装进口袋"的投资思路，也必将被"把财富装进脑袋"的思路所取代。

把"财富装进脑袋"，可以从几个层面来实现。首先，我们可以考虑在自己所从事的领域内，进一步提升专业知识，以使自己在工作中具有更显著的竞争优势。比如普通的会计人员，可以考虑通过学习，取得注册会计师的资格。其次，我们也可以根据自己的兴趣或特长，学习其他行业的知识，以使自己成为复合型人才。对于一个从事金融行业的人来说，如果可以通过对法律知识的学习取得律师资格，就具有金融、法律两栖的优势，在提升自己竞争力的同时，大大提升自己的收入水平。另外，我们也可以考虑学习投资理财知识，并将日常收入的盈余合理地进行投资，以取得丰厚的回报。

　　曾经有记者问李嘉诚："你拥有如此巨大的商业王国，靠的是什么？"他回答："依靠知识。"也有人问他："李先生，你成功靠什么？"他毫不犹豫地回答："靠学习，不断地学习。"

　　李嘉诚儿时随父亲到香港，14岁时因生活所迫而辍学到茶楼打工。他每天工作时间超过15个小时，即便如此，他回家后仍然点油灯苦读到深夜。后来，他到中南公司做学徒，白天的时间正常工作，晚上自学中学课程。同时，他还自学广东话和英语，以融入香港的社会环境，为自己建立良好的人际关系，帮助自己寻找机会。这也为他此后进军国际市场铺平了道路，至今，年逾古稀的李嘉诚仍然每晚看英文电视，用来温习英语。

　　被誉为"打工女皇"的吴士宏有着非常传奇的人生经历，她曾是北京宣武区一家小医院的护士。但她明白，知识可以改变命运。她通过自学英语提高学历，之后进入IBM，并从保洁员一步步晋升为地区总经理。在此过程中，她从未间断学习。

　　成功绝非偶然，通过不断的学习来提高自己的能力是成功的决定性因素。有准备虽然并不一定能获得机会，但没有准备一定不会有机会。我们应将更多的时间和精力用于对知识水平的提升，把财富装进脑袋，远比把财富装进口袋重要得多。

以友为镜——朋友与财富

　　现在流行一种合理收入自我评估方法，方法很简单：拿一张纸，在纸上写下和我们相处时间最多的 6 个人，也可以理解为与我们关系最密切的 6 个朋友，并记下他们每个人的月收入。然后，算出这 6 个人月收入的总和，最后算出他们月收入的平均数。这个平均值就反映了我们每个人的合理月收入情况。

　　所谓"近朱者赤，近墨者黑"，人们往往会不自觉地受到周围朋友对自己的影响。也有一种说法，"了解一个人的品德，先要看他的朋友"，可见朋友圈子对一个人的重要性。同样，对于财富这个问题，也是一样的道理。在很大程度上，一个人的财富会受到与他关系最亲密的朋友的影响。

　　这种方法看似有游戏的成分，事实上却有其内在的合理性。因为首先，人们会根据自己的兴趣爱好和价值取向来选择朋友。所谓"物以类聚，人以群分"，只有存在共同价值观，并且志同道合，才有可能长期交往，成为莫逆之交。在这种情况下，一个人的朋友圈子可以反映出他自身的情况，包括性格、品德、知识水平等。而综合上述的因素，就可以在一定程度上反映出他的收入水平。其次,人在朋友圈子中,会受到朋友的影响和带动,美国有句谚语:"和傻瓜生活,整天吃吃喝喝;和智者生活,时时勤于思考。"因为人有向外部环境学习的自然反应,周围的朋友会对我们产生无形的影响。如果自己的朋友都具有较多值得学习的优点,而相对本质性的缺点很少,那么对我们来说,就会是有益的,也会使我们在与朋友交往的过程中,不断提高自身素质。朋友之间会相互合作、资源共享,并通过这个过程共同获得收益。而这种收益最终会实现一种平衡,反映在朋友圈子当中,就是收入水平的接近。

如果一个人想在事业、学业上获得进步,就要有意识地拓展自己的朋友圈。孔子曾经说过:"益者三友,损者三友。友直,友谅,友多闻,益矣;友便辟,友善柔,友便佞,损矣。"选择耿直、宽容、博学的朋友,是有益的;而选择孤僻、优柔寡断或者过于偏执的朋友,则是有害的。结交志趣相投、值得自己学习的朋友,会使自己的素质得到提高,并同时有机会获得更多的财富。

外在的财富不一定是我们一生的朋友,而真正的朋友,却是一生的财富。

在美越战争期间,越南的一个孤儿院遭到飞机的轰炸,几个孩子和一位工作人员被炸死了。还有几个孩子受了伤,其中有一个小女孩流了许多血,伤得很重。幸运的是,

不久后一个国际医疗小组来到了这里，小组只有两个人，一个女医生，一个女护士。

女医生迅速地进行了救援，但在那个小女孩那里出了一点问题，因为小女孩流了很多血，需要输血，但是她们带来的不多的医疗用品中没有可供使用的血浆。于是，医生决定就地取材，她给在场的所有人验了血，终于发现有几个孩子的血型和这个小女孩是一样的。可是，问题又出现了，因为那个医生和护士都只会说一点点的越南语和英语，而在场的孤儿院的工作人员和孩子们只听得懂越南语。

于是，女医生尽量用自己会的越南语加上一大堆的手势告诉那几个孩子："你们的朋友伤得很重，她需要血，需要你们给她输血！"终于，孩子们点了点头，好像听懂了，但眼神中却藏着一丝恐惧！

孩子们没有人吭声，没有人举手表示自己愿意献血！女医生没有料到会是这样的结局！一下子愣住了，为什么他们不肯献血来救自己的朋友呢？难道刚才对他们说的话他们没有听懂吗？忽然，一只小手慢慢地举了起来，但是刚刚举到一半却又放下了，过了一会儿又举了起来，然后再也没有放下了。

医生很高兴，马上把那个小男孩带到临时的手术室，让他躺在床上。小男孩僵直地躺在床上，看着针管慢慢地插入自己细小的胳膊，看着自己的血液一点点地被抽走！他的眼泪不知不觉地就顺着脸颊流了下来。医生紧张地问是不是针管弄疼了他,他摇了摇头。但是眼泪还是没有止住。医生开始有一点慌了,因为她总觉得肯定有什么地方弄错了,但是到底在哪里呢?针管是不可能弄伤这个孩子的呀!

　　关键时候,一个越南的护士赶到了这个孤儿院。女医生把情况告诉了越南护士。越南护士忙低下身子,和床上的孩子交谈了一下,不久后,孩子竟然破涕为笑。原来,那些孩子都误解了女医生的话,以为她要抽光一个人的血去救那个小女孩。一想到不久以后就要死了,小男孩就哭了出来!医生终于明白为什么刚才没有人自愿出来献血了!但是她又有一件事不明白了,于是她就问越南护士:"既然以为献过血之后就要死了,为什么他还自愿出来献血呢?"

　　越南护士问了一下小男孩,小男孩不假思索地回答了。他的答案很简单,只有几个字,但却感动了在场的所有人。他说:"因为她是我最好的朋友!"

虽然这个幼小的孩子并不懂得"士为知己者死"的道理,但他却愿意为友情付出生命。真挚的友情是无价的,而拥有这样的友情,就是人生中最大的财富。

巨人背后的巨人——诚信的价值

1989 年，史玉柱以 4000 元钱起步，开始在深圳创业。凭借"巨人汉卡"的开发，公司迅速发展，1990 年时，公司资产已达数千万元，并成立了巨人集团。此后，巨人集团开始走多元化发展的道路，但最后由于巨人大厦的工程遭遇"滑铁卢"。

史玉柱痛定思痛，带着自己的团队，拿着向朋友借来的 50 万元资金，开始生产脑白金，终于东山再起。之后，他又进军网络游戏产业，依靠《征途》迅速占据了较多的市场份额，以至颠覆了传统网络游戏的赢利模式，征途网络也再度被冠名为"巨人"网络，并于 2007 年成功在纽约证券交易所挂牌上市。史玉柱重新铸就了辉煌，再度成为商业巨人。

在这"巨人"东山再起的事例中，史玉柱在巨人大厦项目折戟沉沙之后，从亿万富豪变为负债两亿多的"负豪"。此时，没有人会相信他能东山再起，要债的人虽然也知道他此时无力归还，但仍然步步紧逼。那时，他作出了人生中最重大的一次承诺：

"我所欠的每一分钱，我都会还给你们。而且还有利息。"

2000年，史玉柱在沉寂两年之后再度出山。2001年1月，他通过珠海士安公司收购巨人大厦楼花还债。

2001年2月3日，《羊城晚报》的记者对史玉柱进行了采访，以下是当时的部分对话内容：

> 记者：珠海巨人大厦海内外"楼花"的钱是珠海巨人集团公司的债务，你为何以"珠海市士安有限公司"名义去"还钱"？这"士安公司"又是怎么回事？
>
> 史玉柱："士安公司"就是我的公司，是刚刚注册的。它的历史使命就是还钱，还完钱以后，这个公司的历史使命就完成了。
>
> 珠海巨人集团欠了香港和内地老百姓1.5亿元的钱，我们在准备还这笔钱时，考虑过两个方案：一是以珠海巨人集团名义还，二是以我史玉柱个人名义还。但是，我的律师说，这两个方案都行不通，都不能保证我筹集的1.5亿元人民币能安全还给老百姓。因为，珠海巨人集团还有企业债务，而我是珠海巨人集团的法人代表。因此，新注册的"士安公司"的法人代表不是我，目标只是为了保证钱能顺利地还给老百姓。
>
> 我是1月28日在《珠海特区报》刊出公告的，有分期支付和一次性支付两种方式供选择，以当年"契约"编号为序，

从 1 月 29 日到 2 月 15 日，完成还款。珠海还款的 5000 多万元先汇入银行，还款处设在银行门口，办完手续，银行开出存折或支票。这几天，珠海大概有二千零几个老百姓拿回了当年的钱。

其实，在此以前，我已经在香港开始还钱了。香港有 140 位，大约要还港元 9000 多万元，相当于人民币 1 亿元。是以我个人名义还，还是以珠海巨人集团名义还我记不清了。目前，已经还了 80％的人的钱，还有 20％的人可能移居海外了，现在正在找，什么时候找到，什么时候还。不过，在香港开始还款时，没有做过广告，只是按照契约地址去通知。

在史玉柱当初作出还款承诺时，没有几个人相信，他的话甚至成了当时流行的经典笑话。他最终偿还债务的诚信行为使人们震惊，并由此重新打造了新的巨人集团，而诚信则成为巨人集团企业精神的支柱。

中国人自古重视诚信，"信"被列为"五常"之一，并贯穿在人们的生产生活当中。无论是朋友之间的承诺，还是生意上的往来，信用都被看作一个先决条件——

曾参，被后世尊称为曾子，是春秋末期鲁国有名的思想家、儒学家，是孔子门生中的72贤之一。他博学多才，十分注重道德修养，并以讲信义著称。有一次，他的妻子要到集市上办事，但年幼的儿子也吵着要去。曾参的妻子不愿带儿子去，便对儿子说："你在家好好玩，等妈妈回来，将家里的猪杀了煮肉给你吃。"儿子听了，非常高兴，不再吵着要去集市了。这话本来是哄儿子说着玩的，曾参的妻子也没有真的想把猪杀掉给儿子煮肉吃。但等她回来的时候，见到曾参真的把家里的一头猪杀了。妻子便问他："我是哄儿子说着玩的，你怎么就真把猪杀了呢？"曾参说："孩子是不能欺骗的！他不懂事，还没有辨别能力，接触到的是父母，所以什么都跟父母学。你现在哄骗他，等于是在潜移默化地教他学会欺骗。你现在欺骗了孩子，孩子以后自然也就不相信你了，你以后还怎么教育孩子？"

没有诚信的人，不仅得不到其他人的尊重，也很难在社会中立足。拥有良好的信誉等于拥有了一笔潜在的巨大财富。正如上面的例子中，史玉柱偿还了巨额的负债，那么如果此后，再有资金方面的需求，凭借其由此建立起来的信用，相信融通资金也并非难事。诚信不仅可以成为一种潜在的财富，还能直接转化为现实的财富——

　　有一个家具厂商，有一次把一张少刷了一遍漆的桌子

误当作成品发给经销商。但发现时，由于发货量较大，已无法确定发给具体哪一个经销商了，于是厂商便向各个经销商打电话询问，仍然没能找到。于是厂商便在媒体上打出广告，寻找这个未完工的商品。由于只是少刷一遍漆，所以这张未完工的桌子并不容易被发现，到最后也没能找到。虽然没有找到这张桌子，但这个厂商却由于注重诚信的行为，接到了更多的订单。

每个人都应当重视信用这个立人之本，使诚信成为自己的习惯和财富。我们不仅应在日常生活中恪守诚信，还应该有意识地通过自己的言行，对周围的人起到积极的影响，使诚信的范围不断扩大，随之而来的将是更加积极向上且融洽的社会氛围和放大的财富效应。

生活快乐比金钱重要
——投资的最终目的

　　一天,渔夫躺在海边的沙滩上晒太阳,一个富人走过来说:"你为什么不去工作,而要在这里浪费时间呢?"渔夫问:"我为什么要去工作?"富人说:"你去工作,就可以赚到足够的钱,可以拥有自己的事业,可以有假期。"渔夫有些不明白,便问这个富人:"那么有了钱,有了自己的事业,又有了假期,我又能干什么呢?"富人回答道:"这样,你就可以去夏威夷海滩度假了。""那我现在在干什么呢!"渔夫回答道。

很多时候,我们追寻财富,却忽略了生活本身所带给我们的快乐,而这恰恰应该是追求财富的最终目的。诚然,如果我们想要在这个竞争激烈的社会中获得更多的快乐和更强的幸福感,那么我们就需要有一定的物质基础作为支撑,但这个物质基础其实只要能满足最基本的生活需求,比如可以承担日常支出,并且存有一些积蓄来赡养父母、抚养子女、支付医疗费用等就可以了。

许多人常常因为执着于创造财富，而忽略了创造财富的最终目的。我们工作、投资创造财富，最终的目的是改善我们的生活，使我们生活得更加幸福、快乐。而如果只是一味地沉浸在对财富的追求中，而忘记了这个最终的目的，就是舍本逐末了。

获得更多的财富，并将自己的物质消费水平提高到新的层面肯定是好事。但同时我们应该考虑，在这个过程中，我们付出的代价是什么？如果付出的代价是承担过重的压力，失去了快乐和幸福，就要反思这样是否值得。我们可以通过工作和投资获得尽可能多的财富，但这并不代表我们的心理感受会更好。

许多数据表明，近年来随着物质生活水平的提高，许多人的幸福感并没有提升。在一项对全球各国人民幸福指数的调查中，位于喜马拉雅山南麓，经济也并不发达的小国——不丹，其幸福感指数却居于世界第一位。这更加说明，虽然一些时候，物质财富可以带给我们幸福感，但物质财富与幸福感之间并没有必然的联系。

近年来，一些事业有成的人因过劳而英年早逝的现象时有耳闻。某位年轻企业家患有严重的抑郁症，某一天在结束了当天的工作，签署了最后一份文件之后，他从 18 层高的办公室窗户纵身一跃，结束了自己的生命。他的物质生活早已安然无忧，但他并不快乐，甚至比一些贫穷的人痛苦得多。

在追寻财富的同时，我们应该时刻提醒自己，我们想要的是什么样的生活，并重新审视一下自己，让自己享受生活的乐趣。对于财富，我们要时刻保持一种平和的心态，可以付出努力，但不去过分地追求回报。这样会更能把握生活的本质，而不至于偏离正常的人生轨迹。

《伊索寓言》中的一个故事告诫我们，贪婪是祸患的根源——

有一个农夫每天早出晚归地耕种一小片贫瘠的土地，但收获甚微。天使可怜农夫的境遇，就对他说："只要你能不停地跑一圈，你跑过的地方就全部归你所有。"于是，农夫兴奋地朝前跑去。他跑累了想休息一会儿，然而一想到如果有更多的土地，就会更加富有，他就继续拼命地往前跑。一路上不断有人告诉他，你该往回跑了。但农夫根本听不进去，他只想得到更多的土地。最终，农夫因心衰力竭倒地而亡。生命没有了，一切都没有了，过度的欲望使他失去了一切。

生命远比外在的财富更加重要。如果能怀着一颗善良的感恩之心，宽容豁达、充满热情地工作和生活，就可以过得更加幸福和快乐，也会使我们更早体会到生活的真谛。

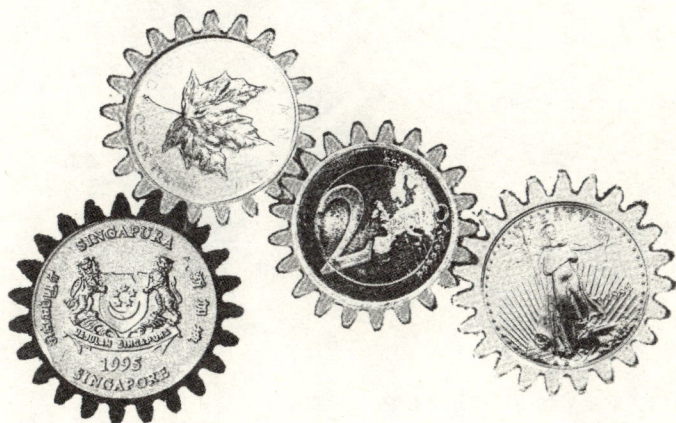

第六章

第三只眼看投资

　　人们通常会受到外界传闻的影响，在投资中当然也不例外。投资的结果是由经济环境、投资方式、社会心理等多方面因素相互作用形成的。但真相往往会被假象所掩盖，我们应该从不同的角度对事物的本源进行探索，用"第三只眼睛"来看待投资。

　　投资房产时，你会放心地与中介合作吗？进行股票投资时，你会相信所谓"庄家"给出的消息吗？世界第一高楼的记录不断被刷新，这是值得兴奋的好事吗？本章从独特的角度分析投资中涉及的问题，希望能够有助于读者拓宽投资思路，提升投资收益。

公路中间的陷阱
——投资房产时中介的危害

一条刚刚修建好的公路中间出现了一个很大的坑，以致路过的很多客车、货车都陷了进去。这时司机只能找拖拉机把陷在坑中的车辆拖出，但通常拖拉机都会收取很高的费用。后来，公路的管理部门把公路修好了，但不久后类似的位置又出现了深坑。由于事有蹊跷，记者进行了明察暗访才知道，原来这两个深坑既不是质量问题造成的，也不是自然毁坏造成的，而是人为的破坏。但为什么会有人把好好的公路毁坏，让汽车无法通过呢？正是利益使然！

原来，这条路在被修建成公路之前，一直是一条崎岖不平的乡间小路，每逢下雨天，路过的汽车都会在泥泞中打滑，常常不能通过。一些村民就用自己的拖拉机帮助汽车司机把车拖出来，这些路过的车辆也会给他们一些报酬。久而久之，很多村民发现，这其实是一条生财之路，自己拖车的收入远远高于用拖拉机做农活的收入。但问题就是这种收入不够稳定。

这个问题根本难不住想要以此致富的人，于是他们想出一个一劳永逸的方法，就是把这条路的路面变得更差。后来这条小路修建成公路，等于断了一些人的生财之路。而这些人已经习惯通过这种方式，很轻松地获得收益，所以他们一次又一次地人为破坏公路，目的只是为了赚取每次拖车的费用。

这是笔者前些年看到的一则新闻，这样的行为，不仅破坏了公共的财产，影响了正常的交通秩序，也带来了很大的安全隐患，实属损人利己。这种行为是容易被发现的，但还有些行为虽然危害性很强，由于比较隐蔽，所以不易被发现。比如，很多人在进行房地产投资时，需要借助房产中介，而一些房产中介常常扮演了与事例中这些破坏公路的村民相似的角色。

房地产中介最初的产生，是为了促进房地产的供需双方能更便捷地找到适合自己的目标交易者。房地产中介将相关的出租、出售、求租、求购信息加以汇总，并依靠提供上述信息来获得收益。这时往往是供求双方有需求，之后找到房产中介，由中介向其提供所需的服务，是完全正常的，对整个市场也是有益的。当然，供需双方也可以通过网络、报纸等其他的方式，获取房产供求信息。之后，房产中介为了进一步发展，就改变了被动地等待为客户提供信息服务的方式，转而主动地寻找房产的提供方，并争取与其签订代理协议，成为唯一的租售信息提供者，从而把更多的房屋出售的供方信息掌握在自己手中。这虽然使信息的需求方通过网络或报纸等方式获得更低廉、更及时的信息的机会减少了，但总的来说，它仍然建立在为供求双方提供便利的基础之上，所以还是合理的行为。但在利益的驱使下，大量缺少道德规范的房产中介从业人员，开始在网络、报纸上发布铺天盖地的虚假供求信息，彻底破坏了供求双方的其他信息交流渠道，从而迫使供需双方不得不通过房产中介来获得相应的信息。这种行为破坏了市场秩序，也违反了平等自愿的商业竞争规则，与在公路中间制造人为的障碍的卑劣行为无异。

　　一些通过非正当的手段破坏正常信息交流渠道的中介，是人们进行房产投资的障碍。在进行房产投资时，应对其提高警惕。因为在利益的驱使下，丧失正常的道德规范的人，我们也就不能期望其在商业行为中，会遵守基本的商业准则。这时如果我们不进行适当的防范，很有可能会造成不必要的损失。

　　一些不正规的中介常常在其提供的信息中，只将房产的优点加以说明，而隐瞒了一些弊端。比如，有些按商用房屋开发的房产，其产权有效期是 50 年，如果已经使用了 20 年，那么目前可能只余 30 年的产权。此前如果不向购房者说明，甚至在交易过程中也刻意隐瞒，就很有可能会让购买者遭受损失。同时这类房产，其水、电费用与其他的民用住宅房的价格也有差异，如果购买者准备自住，则有可能在日后承担较高的使用成本。再

比如，为了掩盖房屋在采光效果、隔音效果等方面存在的不足，一些中介人员会在特定的时间，特定的环境下让购房者看房。无论是对于自住房还是投资房的购买者，这些问题，都是在与中介打交道的过程中应该加以注意的。

当然，我们如果准备通过中介进行房产投资，还需要注意到一些不正规的房产中介会为了赚取居间中介费用，而向投资者介绍一些产权上存在纠纷的房源，如果购房者轻信房产中介的说辞，而草率地签订了买卖协议，就会在之后的过程中遭受较大的损失。即便投资者及时发现了产权的问题，没有在买卖过程中遭受损失，但支付给中介的居间中介费用常常是无法收回的，因为理论上，这个费用主要属于中介向购买方提供了信息而取得的报偿。既然信息已经提供，这个费用就不再退回。

从原则上讲，中介提供的信息应该是真实并有效的，否则就不应收取这部分费用。但很多中介往往在协议上做手脚，使这部分费用一经产生，就不再退还。如果购房者没有经验，就很容易因此而遭受不应承担的损失。有些不法中介与问题房源的出售者合作，骗取中介费用。

中介费用常常是按房屋的成交价格来计算的，所以购房者一旦掉入陷阱，损失通常都会比较大。比如，小产权房或是产权存在纠纷的房产，本属无法正常出售的房源，但不法房产中介与出售者合作，隐瞒实际情况，诱骗购房者签订购房协议，同时出售者收取定金，中介则以"居间费"或"信息费"的名义，收取中介费用。之后当购房者得知房屋产权无法正常过户时，常常找不到出售者，定金也无从退回。就算退还定金，中介也常常以"已经向双方提供了居间服务"或是"已经向购房者提供出售信息"等为由，不予返还中介费用。

2005 年，李女士和丈夫看中了北京回龙观的一套二手房，两人打算买下来作为结婚新房居住。当时，中介公司的业务员介绍房子是 1996 年到 1997 年间的，而在提供的房产证复印件中，房屋年代却模糊不清。李女士在签约当日交纳了定金 15000 元，可当看到房产证原件的时候，发现房屋的建筑年代为 1990 年，小两口又找到该小区物业公司，证实该房确系建造于 1990 年。李女士认为，中介公司的瞒报行为侵害了自己的利益，要求解除合同并退还定金，可中介公司拒绝退还定金。而在双方争执不下的一段时期里，中介公司依然在出售该房，并收取他人定金，这样，一房多卖，到底谁会买走房子还是未知数，中介却已经收取了三四份万元以上的定金。

有些房屋产权虽然本身没有问题，但一些不法中介会伙同售房者，在签订出售协议时只约定极低的定金，让购房者认为是对自己的优惠。但之后在办理付款和过户手续之前，出售方单方毁约,通常协议中约定的出售方违约金为定金的双倍,但由于此前约定的定金极低,所以双倍定金也不及居间中介费用高,但由于中介已将信息提供给购房者,同时买售双方也已签订了协议,想让中介退还此费用,也基本没有可能。事实上,这种行为已经属于诈骗的范畴,但购房者却很难拿出足够的证据,往往只能哑巴吃黄连。

房产中介除了提供信息服务以外,还可以进行一些其他环节的服务,比如帮助办理相应的评估、贷款手续,协助办理产权交割过程等,并加收一部分费用。有可能其中的相关环节的办理过程并不复杂,也不需要支付其他成本,而中介以服务的名义加收的费用,纯粹是凭空增加了房产交易者的成本。

在通过中介购买房产时,应尽可能选择一些相对正规、具有实力的中介公司。购房者应全面地了解房地产交易的相关流程和费用(如贷款评估的流程、标准以及费用,贷款申请、审批标准以及费用,过户的手续办理以及应缴的税费等)以及相关法律法规(《中华人民共和国合同法》、《中华人民共和国城市房地产管理法》等)。在与中介公司和出售方签订合同之前,应该认真了解物业情况、周边环境,并仔细查看相关产权证明。在签订合同时,应审慎查看房产买卖合同中的相关条款,是否与产权证上的信息相符;并核对付款方式及免责条款是否与此前商定的一致。

另外,在签订购房合同时,与中介利益直接相关的文本应作为查看重点。比如，作为中介收费依据的《居间中介协议》中，一定要约定中介公司对其提供信息的真实性承担何种责任，如果没有这样的条款，可以要求签订补充协议，将此类条款以附件的形式增加到合同中。因为所有合同文本除了《房屋买卖合同》一般由当地建委和工商局监制，是相对公允以外，其他的合同往往都是对中介机构进行保护，同时这类的合同对于购买方来说，都是有权修改的。做到以上这些，就可以有效减少被欺骗的风险。而对于评估、贷款、过户等环节，目前流程已很简便，只要条件允许，最好不委托中介代办。这样做一方面可以减少费用支出，另一方面可以降低购房过程中无法监督的风险。

手表定律——投资策略一致的重要性

　　在一片森林中，生活着一群猴子，每天太阳升起的时候它们外出觅食，太阳落山的时候回来休息，日子过得平淡而幸福。有一天，一名游客穿越森林时不小心弄丢了一块手表，一只年轻的猴子拾到了这块手表。这只聪明的猴子叫做蒙科，它很快就搞懂了手表的用途。于是，它便成了整个猴群的明星，每只猴子都向它询问确切的时间，整个猴群的作息时间也由它来规划。在这个过程中，蒙科逐渐建立起威望，当上了猴王。

　　蒙科认为是手表给自己带来了好运，才使自己当上猴王。于是它每天除了规划其他猴子的时间以外，就是在森林里面巡查，希望能够再拾到更多的表，让自己的运气更好。终于，有一天，它又获得了第二块手表。但这块表不仅没有给蒙科还来好运，反而给他添了麻烦。因为两只表的时间不一样，蒙科也不知道哪一块表上的时间是正确的。从这一天起，再有其他的猴子来问它时间时，它的回答就不再那么果断，变得支支吾吾。结果猴群的作息时间变得混乱，蒙科的威信也日渐下降。终于有一天，有另一只强壮且

178

有智慧的猴子起来造反,把蒙科推下了猴王的宝座。同时把蒙科的"宝贝"也收为己有。但很快,这个新的猴王也面临着和蒙科同样的困惑。

这个寓言故事告诉我们,只有一只手表的时候,我们可以知道准确的时间,但拥有两只或者更多的手表,我们却无法确定现在是几点。因为更多的钟表并不能告诉人们更准确的时间,反而只会让人们失去依靠手表来获知准确时间的信心。这个道理就是在管理学和教育学中被普遍关注的"手表定律"。事实上,这个定律对于证券投资者也有一定的启示作用。

很多朋友或许有过这样的困惑,就是在通过长时间的投资学习之后,掌握了很多种分析方法和交易策略。既包括基本面的价值分析,也包括各种各样的技术分析方法,可能同时还对交易心理和交易者的行为习惯进行了深入的研究。但在实际投资的过程中,却还是常常亏损,不能实现稳定赢利。这种情况常常是交易策略前后不一致所造成的。

在进行投资的时候,如果想实现稳定的赢利,就一定要遵循合理的交易体系,而且这套体系是完整且前后统一的。无论采用基本面的价值分析,还是基于技术分析的方法,一定要从头到尾地贯彻执行同一种方式。否则,如果基于基本面价值分析去买入股票,而采用技术分析的技术信号去卖出股票,整个交易策

略就缺少统一性,也就无法保证投资的收益。比如某一只股票,按照其基本价值来进行判断,它的合理价值区间是 9 元到 10 元之间,我们应该以低于这个价格区间的成本买入,而高于这个区间之后,比如达到 11 元,我们就应该考虑卖出了。而同一只股票,按照技术分析的方法,完全有可能在 12 元左右才会出现应该买入的情况,而采用同样的技术分析方法,则有可能一直持有到 15 元才会出现符合卖出的条件。那么我们如果按照技术分析在 12 元时买入,按照基本价值分析在 11 元卖出,就出现了交易方法不一致的情况,遭受亏损就在所难免了。

在股票投资策略上,短线思路与长线思路也不可以在同一笔交易中混合使用。因为短线思路是以灵活的交易方式、较高的正确率、频繁的交易次数,在每一次交易中获得相对较微薄的收益,然后通过长期的收益积累,实现稳定赢利。而长线交易思路则是通过长时间持有股票,通过股票长期累积的上涨幅度获取每笔较丰厚的收益。在两种交易策略中,止赢、止损、资金管理和交易心态都存在着很大的差异,所以不能混为一谈。如果我们是采取短线思路买入的股票,而采取长线的思路去卖出,则很难获得收益,反之亦然。

在进行股票、期货等证券投资的过程中,我们不能主观地将各类不同的交易思路胡乱搭配,而应保持投资策略的一致性,这样才能实现稳定赢利。

谁是那个穿上运动鞋的人

——投资也是弱肉强食

　　两个朋友一起到山中探险，忽然他们发觉一只老虎向他们跑来，其中一个人撒腿就要跑，而另一个却迅速地从背包里拿出一双运动鞋穿在脚上。先跑的人看到后，对这个穿上运动鞋的人说："你穿什么鞋也跑不过老虎的！"而这个人冷冷地看了他一眼说："我不需要跑过老虎，我只需跑过你就够了。"

　　这个故事告诉我们，再亲密的友情也会面临你死我活的博弈，想要在残酷的竞争中生存下来，就一定要让自己具有优势。证券交易作为经济发达到一定程度后产生的高度社会化的人类行为，其对竞争有着更深刻的诠释。

　　做过股票交易的投资者都会知道，在股市当中，有一些所谓的"主力"存在，他们借助资金优势以及信息优势，在市场中垄断、操控，叱咤风云。很多投资者由于善于分析"主力"的动向，敏感地把握市场波动，因而获利颇丰；也有些人凭借与主力的密

切关系,提前入场低价布局,赚得盆满钵满。也有人在主力对市场的影响下,分不清方向,一头雾水。更有大量散户被主力诱导,一步步走入陷阱当中,遭受大幅的亏损。

证券市场始终是一个零和博弈的市场,不存在双赢。至少在股市当中,如果不考虑股息和分红,仅仅是将收益着眼在交易的差价上,股票交易就是一个标准的零和博弈。在零和博弈中,任何一个交易者都是为了获得收益,而收益的获得是建立在对另外投资者的利益产生损害的基础之上的。从理论上讲,其他的交易者都是自己的对手,而所谓的"主力",则是一个有着非凡实力的对手。目前国内A股市场的单向交易,不利于投资者认清市场的实质,形成正确的交易思维。有些人认为,市场行情上涨,大家才可以赚钱,在绝大多数时候,主力和普通投资者的利益是一致的。但事实并非如此,因为在股市中,如果不考虑股息和分红,收益就仅仅在资本利得上面,也即通俗理解的买卖差价上。而A股市场的分红机制,一向被外界所诟病,从而无论是主力还是普通投资者,都不可能将收益的预期寄托在不确定且极其微薄的分红和股息上。若要获得收益,只有通过实现买卖价差这种单一的途径。

也就是说,如果持有的是股票,在股票没有卖出变现之前,所有的账面收益都是无效的。只有在适合的价格买入,并在有获利空间的点位卖出,才是赢利的。可能说到这里,有些读者还不明白,我们可以这样来理解——假设主力和普通投资者不存在利益分歧，那前提条件是双方都可以在这个市场上赚到钱。要想赚到钱，就都要在较低的价格买入，并在较高的价格卖出。但这时就存在一个问题，就是低位有人卖，才有人能买到，高位要有人买，才能够卖出。低位有人卖，这种情况容易理解，因为人们会担心价格跌到更低，但多数在低位卖出的交易者，都是因为蒙受了一定幅度的亏损。另外我们再来看一下在高位卖出，绝大多数投资者的心理是在赢利的时候，想赢利更多，这是正常的，也是合理的。如果股价一直上涨，那么很少有人会选择卖出，往往都是因为市场在上涨之后出现了回调，才会有人卖出，那么这个时候，在更高位置介入市场的投资者，还是会处在亏损的状态。

可能有些读者会认为，有些人是不贪婪的，即便股票一直上涨，从不回调，也会在上涨的过程中卖出，因为这个投资者已经赚到让自己满意的钱了。假设这种不切合投资者心理的假设是成立的，但如果股票价格一直上涨，从不出现回调，那么这种上涨也是不可能持续的。因为股票价格若一直上涨，那么新的投资者就要支付比此前买入股票的投资者更多的金额，才可以买到股票。那么在上涨的过程中，股票的数量是不变的，股价越来越高，这就需要更多的资金来支撑这个价格，但市场中的资金不可能无穷无尽，那么总有资金不足以支撑股价继续上涨的时候。所以，寄希望于股价一直上涨，从而统一主力与普通投资者之间的利益，这种思路，也是不可取的。

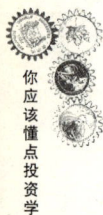

对于主力来说，这个道理再明白不过。所以几乎所有主力都会尽可能不让普通投资者在低位介入，并让更多的普通投资者在高位接盘。通常在低位的时候，主力资金发现存在介入的机会，但由于和普通投资者之间存在利益冲突，所以不可能留给普通投资者更多低位入场的机会。虽然这时已经是低位，但主力资金往往仍然有能力促使市场过度波动，以阻止普通投资者入场，即使入场也不敢继续持有头寸。而在持有足够的筹码之后，主力开始拉升股票价格。这时，主力往往会想尽一切办法，诱使普通投资者介入，同时逐渐在股价拉高的过程中，将获利之后的头寸转移至普通投资者的手中。在这个过程中，股价整体上是处在上涨的趋势中的，在相对低位入场、相对高位离场的普通投资者，就是在市场中可以通过技术分析获利的那些人。而多数投资者这时仍然会处在场内，在市场上还存在足够资金支撑时，主力也未必会及时考虑离场。但市场总会出现回调，无论是基于市场的理性回归，还是基于资金面的压力。这时的回调，对于主力和普通投资者来说，都无疑是个坏消息，应该做的就是逃跑。在这个问题上，主力相对于普通投资者，表现得肯定更为理性，一定会"穿上运动鞋"，以牺牲普通投资者的利益换取自己的全身而退。

在投资时一定要理性，不可认为有所谓的"主力"资金与自己共进同退。而且，由于主力通常入场较早，成本也较低，在市场下跌之前,已经出手部分头寸,获得了充分的利润。对于主力来说,此时离场的成本并不重要,重要的是可以使手上的头寸全部离场变为更安全的现金。所以,主力常常会在下跌的过程中,用较小的成本制造反弹的假象,并且在普通投资者受到诱导入场时大举抛售。这也是为什么可以将下跌时交易量大、反弹时交易量小,作为对市场存在继续下跌空间判断的主要依据。

普通投资者应认清自己与所谓"主力"之间的博弈关系,从多个方面采取防范措施,以免因受到主力的误导而遭受损失。比如,不能听信所谓的内幕消息。很多人自称有所谓"庄家"或"主力"的内幕消息,甚至将这些消息当作商品来销售,而很多人也信以为真。或许某时候,这种消息会让投资者获得暂时的赢利,但如果依赖这种消息来进行投资,其风险不亚于"盲人骑瞎马,夜半临深池"。真正的主力只会在需要有人帮助推高股价或是高位接盘时,才会把所谓的消息散布出去,否则是不会为自己的竞争对手提供赢利机会的。

在投资中,我们要时刻提醒自己,这是一种零和游戏,主力永远都是我们的交易对手,而不是助人为乐的"雷锋"。同时,我们也应坚信,想要在投资中稳定赢利,只能相信自己对市场的判断,而不能偏听偏信任何所谓的内幕消息。

摩天大楼指数——如影随形的经济危机

　　作为一种以巨大的经济力量为支撑的建筑物，摩天大楼常被民众和政客视为展示经济繁荣、社会进步的标志。有些经济学家则持完全相反的看法，认为摩天大楼的出现，特别是摩天大楼的纪录被刷新，往往预示着经济即将衰退。

　　"高楼建成之日，即是市场衰退之时"，这是德意志银行的证券分析师安德鲁·劳伦斯于 1999 年发表的判言。2006 年 2 月 15 日，雷曼兄弟公司在北京召开全球经济会议，其全球首席经济学家卢埃林向我国客户提及"摩天大楼指数"的预言。卢埃林称："如果全球有发生经济危机的可能性，那很可能会在 2007 年或 2008 年。"他的理由是 2007 年和 2008 年分别是上海世界金融中心、香港的联合广场第七期以及在世贸大厦遗址上新建的自由大厦完工的时间。

　　雷曼的首席经济学家预见了 2007 年到 2008 年的经济危机，但却不曾想到，雷曼的百年基业正是在这场危机中化为泡影。对于经济而言，摩天大楼是荣耀还是诅咒？其与经济危机之间是否真的存在这样密切的联系呢？

1999 年,安德鲁·劳伦斯经过研究验证了摩天大楼与经济危机的关联,并将这种关联称为"摩天大楼指数"。每一幢刷新世界纪录的摩天大楼的崛起,往往都伴随着经济的衰退。自 20 世纪初以来,全球共出现了四轮摩天大楼热,而每一次,都伴随着经济危机或金融动荡。1908 年,美国纽约的胜家大厦竣工,将世界第一高楼的纪录刷新,随后不到一年的时间,纽约大都会人寿大厦建成,再度刷新了世界第一建筑的记录。但在这两座摩天大楼建造中的 1907 年,由于农业收成的季节性因素及货币、信贷的周期性因素共同影响,加之一家受全国银行系统管制的银行拒绝向一家未接受管制的信托机构结清资金,从而导致金融恐慌,其结果银行遭储户挤提,出现了银行危机,引发了美国经济史上剧烈的一次经济萎缩。

20 世纪 20 年代,美国经济转好,证券市场再度空前繁荣,民用、商用房产建设高歌猛进。这期间,三座刷新纪录的摩天大楼先后兴建。纽约的华尔街 40 号、克莱斯勒大厦和帝国大厦相继于 1929 年至 1931 年的三年中落成,但随之而来的不是新的繁荣,而是空前的大萧条。在经历了被美国人称之为"黄金时代"的 20 世纪 60 年代强劲、持续的经济繁荣后,纽约的世贸中心和芝加哥的西尔斯大厦开始兴建。1972 年和 1974 年,两座再次刷新世界纪录的摩天大楼相继落成,随后,全球经济发生了严重滞胀。在这次全球性的经济衰退中,最先恢复的是东南亚地区。20 世纪 80 年代和 90 年代,亚洲经济高速增长。1997

年,全球最高建筑的桂冠马来西亚吉隆坡的双子塔摘得,而同年东南亚地区就爆发了大规模的经济危机。

2007 年,浦东环球金融中心再度刷新摩天大楼世界纪录时,又与近 70 年来最严重的经济危机不期而遇。摩天大楼与经济危机的关联如此密切,很难用巧合来理解,那么究竟是什么原因让经济危机总是与摩天大楼如影随形呢?

首先,人性使然。人性当中有盲目自信的一面。具体体现在对客观事物认识不足,偏执于对事物的主观看法上。劳伦斯把他发现的经济危机与摩天大楼的联系称为"百年病态关联",但此类现象,在人类社会中又何止只存在了百年。以史为鉴,我们不难发现,在我国历史的长河中,此类现象早有体现。商朝兴盛时,纣王兴建造鹿台,引得民怨四起最终于鹿台自焚;清代鼎盛时,乾隆帝大举修建园林,导致国力衰落最终丧权辱国。这些表现形式与当今有异,但究其实质并无不同。其真实原因,都是一些人心态膨胀、盲目乐观自信,以致作出大量力所不能及的决定。最终,经济能力无法支撑,政治也就陷入混乱之中。与此对应,虽然当今世界的政治经济形势出现了变化,但人性的弱点仍然存在。在经济经过持续稳定发展之后,一定会有盲目乐观的情绪,夹杂着对利益的渴望,使更多的人做出力所不能及的事情。比如,引发当前这一轮全球经济危机的美国次贷危机,其形成的直接原因,就是太多人盲目乐观于经济现状,本身不具备偿还能力而举债消费，再加上一些利益中介的推动，从而引发全球的经济衰退。而摩天大楼的建造者，也存在基于对经济周期的不客观评估，以经济现状盲目对未来进行判断，加之利益链条的牵引，致使一座座摩天大楼的崛起，成为一把把打开衰退之门的钥匙。而且，创造新的高度纪录，本身就是一种好大喜功、自我膨胀的表现，这种心态中所作出的决定，通常是高失误概率的。所以，摩天大楼与经济危机相联系的内在原因可见一斑了。

其次，利益推动。在商业行为中，逐利是前提条件。在经济繁荣之前，通常有一个低利率的过程，这也是经济向繁荣周期转化的一个先决条件。而在经济繁荣的过程中，利率相对于人们对于未来收益的预期来说，一直都是低的。所以，就会产生一系列的利益传导途径，也就是前面所提到的利益链条。经济的繁荣和相对较低的利率，对土地价值和资本成本有着直接的影响。因为经济繁荣，土地的需求和对未来的预期就会提升，再加上较低的利率自然会使资金涌向土地资源，从而提高土地的价格。尤其是在大都市的中央商务区，由于土地价格本就处于高位，且经济繁荣对其的需求会使其价格持续攀升，以致给人地价只涨不跌的错觉。高昂的土地成本，会让开发商更倾向于对有限的土地面积进行更充分利用。那么在土地价格和房产价格上涨到一定程度时，提高建筑的高度是一种看似可行的赢利方式。同时，由于对资产价格的评估，使金融机构有理由为此类项目提供充足的资金支撑。再加上经济繁荣期的低利率和高业绩，刺激企业规模扩大,也使企业更倾向于在市场相对集中的区域,使用更大空间的办公场所。在土地价格、企业需求和资金支撑三个因素所构成的利益链的作用下,可以刷新世界纪录的摩天大楼计划,就应运而生了。

就像日有昼夜、季有冬夏一样,经济也是存在景气周期的。任何商品的价格,都会受到供需关系的影响。否极泰来,盛极而衰,低廉的利率、膨胀的需求、上涨的资本价格,以及大多数人盲目乐观的心态,所集合产生的"黄金状态"构成了摩天大楼的需求,但这种状态是不可持续的。摩天大楼的建造,少则两三年,多则三五年,而这种黄金状态的持续性远不能延续这么长的时间。在繁荣时期异常兴旺的新兴行业和金融行业是摩天大楼的主要追捧者,而这些行业由于资本高度密集,所以也是受经济周期影响最为直接、受危机影响最为深重的行业。

所以,通常是在经济已经步入衰退的时候,摩天大楼才刚刚竣工;在它真正投入使用的时候,经济很可能已经深陷困境。这就导致了经济危机总是与摩天大楼的兴建如影随形,也常使全球第一建筑成为逝去繁荣的纪念碑。

"摩天大楼指数"可以成为投资者判断经济周期的依据。当摩天大楼的纪录再被刷新时,证券投资者应警惕起来,适当调整所持有的头寸,但并不急于立即减仓,因为市场的非理性会有一定的持续过程。对于这种情况,只要有足够的心理准备就可以了。之后如果通过其他的依据证明经济已经步入衰退周期，并且股票市场出现了明显的回调迹象，则应考虑果断减仓或离场。

出现这种情况之后，按照正常的经济周期，资产价格会出现一定程度的回调，此时从股市中退出，可以先持币等待房地产或其他资产的投资机会，之后考虑在经济景气周期重新到来的时候，再将此类资产变现。

事实上，"摩天大楼指数"并不适合作为最终决策的依据，它的意义，更多地在于为投资者提供了一种反常规的思维方式，为世人敲响了警钟，使人们可以更理性地进行投资。

在"摩天大楼指数"的启示下，我们可以发现很多适合作为判断经济周期和未来运行方向的依据的指标。比如，证券新增开户数、新增货币供应量等，这些可以通过媒体直接获得的数据，也能够辅助投资者进行决策，具有一定的指导作用。

人口红利——抓住投资的时代机遇

    甲地是一个落后的山村，交通与信息都非常闭塞。后来村子里面发现了铜矿，于是 A 公司在取得了铜矿开采权之后，修建了公路，雇用了大量村民开采铜矿。A 公司向村民支付的工资很少，虽然可以保证村民温饱，并比村民此前耕种土地获得的收益要多，但与外界相比，仍然远远落后。于是，一些与外界进行过沟通的村民开始外出打工赚钱，而留在村子里继续采矿的工人的地位越来越低，因此，就有了更多的人想外出打工。由于村子里劳动力越来越少，做其他的生意也赚不到钱，所以外界几乎没有人愿意到这个村子里面来。10 年后，铜矿开采尽了，村子里面一些有点钱的人也离开了村子，村子里只剩下废弃的铜场，村子变得更穷了。A 公司认为失去了继续经营的意义，也离开了甲地。

    乙地与甲地的情况接近，也是一个发现了铜矿的落后山村，但取得了开采权的 B 公司支付给村民的工资比较高，而且高于外界打工的工资水平。于是不仅村子里的人不想出去打工，就连邻近村子的劳动力也愿意来 B 公司工作。

同时，村民的收入高了，也有了消费的需求，于是餐馆、浴室、影院、理发店等陆续开张营业。由于工资水平高、生活便利，越来越多的劳动力涌入乙村。于是 B 公司抓住这一机会，开办了金属加工企业和地产公司，兴建了学校。虽然铜矿的储量在不断的开采中一天天减少，但乙地却越来越繁荣富裕，铜矿也不再是乙地唯一的经济支柱。

我们可以从上述两个故事中看出，足够的劳动力资源和劳动力所产生的消费，会直接对经济起到支撑的作用，使经济处于繁荣的态势之中。

中国自古就重视劳动人口对国家经济的推动作用。管仲辅助齐桓公时极力鼓励人口增加，下令"丈夫二十而室，妇人十五而嫁"，促使青年男女早婚早育。孔子更明确地坚持"地有余而民不足，君子耻之"的观点，鼓励增加劳动人口。这一切都可以用一个现代经济学名词来加以诠释，就是"人口红利"。

人口红利，是指一个国家的适合劳动年龄的人口占总人口比重较大，抚养率比较低，为经济发展创造了有利的人口条件，有助于国家经济的发展，形成高储蓄、高投资和高增长的局面。

中国目前的人口年龄结构，就处在人口红利阶段。据统计，近几年我国每年可供给的劳动力增长量达千万，保证了经济增长中的劳动力需求。由于人口老龄化高峰尚未到达，而计划生

育政策的实施使新生儿数量减少，少儿抚养投入占国民收入的比例降低，老年人多数有多个子女，赡养老人的压力也相对较小，整个社会呈现出家庭及社会保障性支出负担相对较轻，财富积累速度较快的状况。

在这个阶段的初期，由于劳动力供应充足，所以经济体系中劳动力密集型的企业居多，就业率有所增长。在就业率增长的过程中，家庭的平均收入水平显著提高，同时由于可支配性收入占总收入的比例较高，随之出现了较强的社会物质需求，这种需求反过来又会继续推动经济的高速发展。

从理论上讲，任何一个实现了上述人口结构转变的市场经济国家，都会出现人口红利现象。早期西方发达国家由于人口转变时间较长，纵深计算达到近一个世纪，所以经济发展呈现出稳步增长的走势。而以东南亚国家为代表的许多新兴的工业化国家则用了几十年的时间，走完了发达国家近百年的历程，其中人口红利因素的贡献率达到30％～50％。据统计，新大陆的人均 GDP 增长率比旧大陆显著提升的部分，其中90％～100％可以归功于新大陆在人口结构方面所具有的优势。

日本是亚洲最早实现人口结构转变的国家，同时也是亚洲最早出现经济腾飞的国家。整个人口红利的持续时间，从 20 世纪 30 年代中期开始，一直到 20 世纪 90 年代中期结束，延续了60 年左右的时间。其中 20 世纪 80 年代，日本的 GDP 曾一度超越美国。可见，人口红利与经济增长之间存在着密切的联系。

　　但并非只要存在人口红利的条件，一国经济就一定会突飞猛进地增长，并达到发达国家水平。人口红利与经济增长的关系，更多地是给经济带来一个发展的契机，在经济发展步入快车道的时候，给予一定的推动力。而能把这个契机利用到什么程度，还要看国家出现人口红利现象时的客观情况。比如，同样受人口红利因素的推动，亚洲相对发达的新加坡与相对落后的越南，人均 GDP 水平悬殊，前者已达到发达国家水平，而后者仍是较落后的发展中国家。

　　人口红利的产生，需要以良好的人口结构作为基础，但人口结构是不断变化的，不具有稳定性。任何一个国家，也都不可能具备支撑人口总数无限增长的条件。当人口总数达到一定程度时，就不具有快速增长的可能了。对于处在人口红利期的发展中国家而言，随着社会经济和科学技术的进步，人口平均寿命大大延长，这就必然会使老年人在人口总数中所占的比例逐渐提高，家庭赡养方面的支出不断增加。同时，曾经创造人口红利的适龄劳动者也将逐渐变老，此前作为社会经济发展推动力的高比例劳动人口，将转变为消费性人口，这会给社会保障带来较大压力，从而使"人口红利"转变为"人口负债"。可见，人口红利是不具有持续性的。

　　如果从这个角度来理解，人口红利也可以看作一种透支未

来社会资源的行为。所以，处在人口红利期内，不应忽视今后将要偿还的债务，而应充分利用劳动力资源丰富的优势，促进社会经济快速发展，并在人口老龄化进程加剧之前，建立完善的社会保障体系。这样才有可能实现从人口红利期到人口负债期的平稳过渡。

改革开放30多年来，特别是最近的15年，中国经济的持续快速增长已经成为世界范围内的"奇迹"。众多机构都认为，人口红利对经济步入快车道起到了显著的推动作用。根据研究机构的统计数据，目前中国经济增长的27%得益于人口红利，这个数据与此前日本、新加坡等发达国家经济腾飞时的人口红利的贡献率基本相当。

早在1965—1970年间，构成我国人口红利的基础就开始出现。1978年前后，中国的青年人口达到了顶峰。1978年开始的改革开放，为经济动能打开了闸门。多台马达高速运转，压抑的需求全面释放。改革开放伊始，可谓百废待兴，所以人口红利虽然在经济增长中起着重要的作用，但表现得并不明显。

1997年亚洲金融危机之后的十几年来，随着经济高速增长，失业人口继续大幅度减少，劳动力资源开始得到比较充分的利用。这使人们更切实地感受到人口红利对经济增长的有利影响和重要作用。在此期间，我国采取基础建设投资及出口拉动经济的方法，取得了良好的效果。

亚洲金融危机爆发的时机，正值我国的人口红利效应充分发挥作用的时期。也可以说是人口红利效应直接或间接地推动了经济的发展。但"成也萧何，败也萧何"，这场影响了整个东南亚的金融危机，其起因也可以追溯到日本的人口红利效应消退之时。在 1995 年前后，日本人口红利效应消退，日本采取超低利率政策，由此带来利用日元和泰铢进行的低风险套利机会。最终将泰铢利率不断推高，之后引发了危机。

结合"人口负债"的问题，我们不难看出，人口红利事实上是一把双刃剑。其直接影响主要体现在两个方面：一是对生产领域的影响，二是对消费和储蓄的影响。从生产领域的劳动供给来看，我国目前仍然处于劳动年龄人口最丰富的时期。但随后劳动年龄人口增长速度将减缓，劳动年龄人口大约会在 2015 年左右停止增长。世界银行发布的《2007 年世界发展报告》中指出，从 1978 年开始，中国的劳动年龄人口开始达到高峰，并认为这种赡养率下降的窗口可以保持 40 年，具体时间取决于生育率下降的速度。由此可见，我国劳动力增长的现实情况与世界银行预期基本一致，我国由劳动人口总量带来的人口红利，将于 2020 年左右出现拐点。

一般来说，当一个国家的劳动年龄人口增长停止后，劳动力数量不足的问题会很快显然出现。但这并不意味着人口红利的作用消失后，我国经济就将停止增长。因为我国目前的情况与

其他国家存在着明显的差异。我国长期采用城乡二元化结构，农村劳动人口的数量庞大，目前我国的城市化比例只达到50%。经济发展过程中，城镇化也是经济结构优化的重要环节，发达国家人口城镇化基本达到70%以上。如按城市化率年均增长一个百分点计算，城市人口每年增加1300万左右，到2020年城市化率才达到60%，仍然存在继续增长的空间。所以在城镇化的过程中，农村仍然能够在相当长的时间内为城镇提供劳动力资源，将人口红利效应继续发挥若干年。

投资者如何利用人口红利现象进行投资呢？

在人口红利充分发挥作用之后，社会消费能力得以快速提升，在经济体系内部，供需基本平衡的商品，价格通常呈现稳步上涨的形势。但对于急剧增长的购买力来说，仍会出现很多商品供不应求的情况。我国正处在人口红利阶段中，笔者将相应地对房地产投资、股票投资、大宗商品期货投资、实体投资方面的大致思路进行分析。

房地产投资

作为生产生活的基础，房地产是具有刚性需求的产品。随着经济收入的提高，在满足了"衣"、"食"的需求之后，"住"和"行"成为人们消费的重点。土地资源本身具有稀缺性的特征，在适龄劳动人口增加的同时，会出现大量的新兴家庭，加之城市化的进程,就导致房产出现供不应求的情况。近年来,房地产市场多数时期处于卖方市场,需求因素起到了更重要的作用。并且,按照预期,我国的城市化进程仍然有超过 10 年的增长期,那么随着城市化进程的推进,房地产的需求将继续扩大。同时,随着购买力的增强,改善性住房需求也将扩大。在这种情况下,在人口红利以及与其同步的城市化进程的影响下,房价仍然存在着继续上涨的空间。

2010 年 4 月以来,政府推行的一系列房产新政有效地抑制了投机行为,截至 6 月底,市场成交量和价格均有所下降。但由于房地产市场的需求因素仍然强劲,且考虑到 2009 年房价报复性反弹的前车之鉴,房价也有可能在政策的短期冲击作用平稳之后,出现新的上涨趋势。

所以,在未来的十几年当中,对于购房自住的置业者来说,还是应该选择合适的时机,尽早买入自住的住房。而对于具有投资需求的购房者来说,可以考虑每逢市场出现回调,并且市面上房源供应较为充足的时候,通过多方比较,选定投资诸如学校周边、交通便捷和物业管理水平较高的具有较强增值性的房产。

股票投资

在人口红利阶段,由于具有良好的需求环境,企业的优势可以得到充分发挥,业绩有望得到迅速增长,股权类资产的价格会保持持续攀升的趋势。在 20 世纪 60 至 80 年代,日本的人口红

利持续发挥作用的时期,日本的股价曾在 22 年中上涨了 29 倍。在我国人口红利真正发挥作用的十几年中,股市也出现了巨大的涨幅,但如果以 1998 年至 2020 年的周期与日本 1963 年至 1985 年的周期进行比较,我国股市仍然存在巨大的上涨空间。

投资者应认清市场的长期发展方向,选择适合未来发展趋势的股票品种。比如农业、医药,由于其刚性需求的特点,决定了其在人口增长的过程中,需求量将保持稳定的增长。同时,可以进行投资的还包括食品、日用品以及汽车等消费类品种,随着中国这一世界第一人口大国从发展中国家向中等发达国家转变以及经济结构的转型,生产生活中各种产品的需求量,都会达到一个新的层次。由此将给消费类行业带来业绩持续增长的机会,适度进行消费类行业的股权投资,也是良好的选择。

随着消费需求的提升,环境保护和能源供应的压力都将大幅增加。2009 年,我国已一跃成为世界汽车需求第一大国,这势必产生很大的能源需求,同时,由于加工和使用传统能源会对环境产生极大的破坏,新型替代能源和环保产品的需求必将持续增加。所以环保、新能源也可以作为未来十几年中,长线看好的股权投资领域。

大宗商品期货投资

大宗商品的价格与市场中的产品供需存在着最为直接的关系,供大于求,价格必然下跌,供不应求,价格必然上涨。在人口红利效应对经济和需求的推动作用下，大宗商品将处在一个长期的多头走势当中，选择适合的低点，长线逢低做多，是对大宗商品进行长线投资的最佳思路。

实体投资

随着人口红利对经济的推动，社会需求会得到提升，同时消费者的年龄结构也会发生变化。目前社会主流消费群体由 70、80 后构成，其未来的年龄结构将不断年轻化，不同年龄段的消费者有着不同的消费倾向。在未来的产业结构中，服务业的比重仍将逐渐提高。因此，在服务业中进行适合 80 后群体消费倾向和习惯的投资，将是不错的选择。

同时，职业能力的提升需求，将促进各类教育培训产业的进一步延伸。在教育行业中进行投资也符合经济和社会的发展趋势。

随着人口红利的作用的减退，人口结构中的老龄比例也将逐步提升，但这并不必然带来储蓄率的下降，相反极有可能使储蓄率进一步上升。据统计，绝大多数情况下，新进入老龄阶段的人往往都有较高的储蓄率和储蓄倾向。这种高储蓄率倾向将提升社会资本在经济发展中所占的地位，相应地，股权类资产仍有增值的空间。在人口老龄化加剧的同时，生物工程方面的课题将得到有效突破，这对于人类健康状况的改善和生命周期的延

长，都将起到重要作用。健康是生命之本，所以可以考虑在生物技术领域进行战略型的股权投资。同时，医药、保健类的产品的需求会得到进一步的延续，该类股权投资仍有可能取得良好的回报。

届时，房地产方面的需求将出现明显的减弱。我国所施行的计划生育政策也必将导致未来新增人口数量的下降，由于房地产属于固定资产，有较长的使用周期，而独生子女的父母，甚至祖父母、外祖父母此前可能均有房产，独生子女作为继承人，在自住和投资需求上，都会极大地得到满足，由此致使房地产的需求出现明显的减弱，在房地产领域进行新的投资并不合适。

在实体投资领域，由于人口老龄化，一些保障性的社会服务产业将得到蓬勃的发展，社会保障性的产品具有更大的需求空间。

无论从生产、消费还是储蓄角度来看，人口红利都将长期成为推动我国经济持续增长的利好因素。我国经济目前正处于人口红利回报最丰厚的时期，我们每个人都应充分利用这个历史赋予的良好契机。

后　记

　　万事万物都有其潜在的规律，投资作为人类经济生活的集中表现，也概莫能外。老子在《道德经》中曾讲到："人法地，地法天，天法道，道法自然。"投资是一个领悟的过程，也是一个道法自然的过程。万物之道，一张一弛，在投资的过程中，把握节奏很重要。就像均匀的呼吸节奏是有益健康的，而不规则的呼吸则会有损健康。若要正确把握投资的规律和节奏，需要以成熟的投资理念为指导。希望本书能使读者朋友们对投资有进一步的认识，进一步完善自己的投资理念，更好地进行投资理财。

　　投资之路是漫长而充满挑战的，而且永远不会有终点。所以，我们应该不断学习，不断提高自己的投资水平。最后，笔者借《礼记》中的名句与读者朋友共勉："博学之，审问之，慎思之，明辨之，笃行之。"

图书在版编目(CIP)数据

你应该懂点投资学/李意坚著. —杭州：浙江大学出版社，2010.7

ISBN 978-7-308-07764-4

Ⅰ.①你… Ⅱ.①李… Ⅲ.①投资学－基本知识
Ⅳ.①F830.59

中国版本图书馆 CIP 数据核字（2010）第 123382 号

你应该懂点投资学

李意坚　著

策　划　者	蓝狮子财经出版中心
责任编辑	胡志远
装帧设计	刘　军
出版发行	浙江大学出版社
	（杭州市天目山路 148 号　邮政编码 310007）
	（网址：http://www.zjupress.com）
排　　版	杭州大漠照排印刷有限公司
印　　刷	临安市曙光印务有限公司
开　　本	880mm×1230mm　1/32
印　　张	6.625
字　　数	130 千
版印次	2010 年 7 月第 1 版　2010 年 7 月第 1 次印刷
书　　号	ISBN 978-7-308-07764-4
定　　价	25.00 元

浙江大学出版社发行部邮购电话（0571）88925591